# 贫穷的本质

## 从穷人思维到富人思维

王睿——著

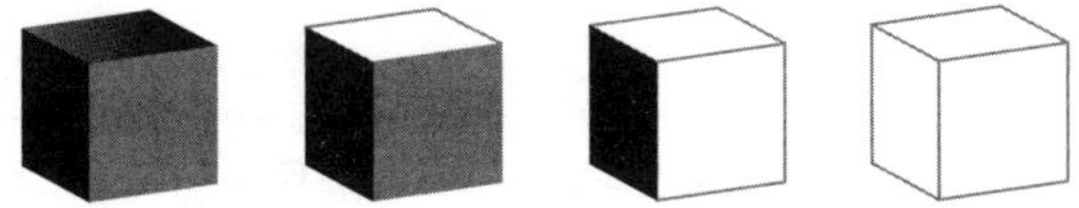

Fundamental Mindset of Wealth

华龄出版社
HUALING PRESS

图书在版编目（CIP）数据

贫穷的本质：从穷人思维到富人思维 / 王睿著 . --
北京：华龄出版社，2024.2
ISBN 978-7-5169-2653-6

Ⅰ . ①贫… Ⅱ . ①王… Ⅲ . ①财务管理－通俗读物
Ⅳ . ① TS976.15-49

中国国家版本馆 CIP 数据核字 (2023) 第 242513 号

责任编辑 梁玉刚　　责任印制 李未圻

| | | | |
|---|---|---|---|
| 书　名 | 贫穷的本质：从穷人思维到富人思维 | 作　者 | 王　睿 |
| 出　版<br>发　行 | 华龄出版社 HUALING PRESS | | |
| 社　址 | 北京市东城区安定门外大街甲 57 号 | 邮　编 | 100011 |
| 发　行 | (010) 58122255 | 传　真 | (010) 84049572 |
| 承　印 | 三河市金泰源印务有限公司 | | |
| 版　次 | 2024 年 2 月第 1 版 | 印　次 | 2024 年 2 月第 1 次印刷 |
| 规　格 | 700mm × 1000mm | 开　本 | 1/16 |
| 印　张 | 13.5 | 字　数 | 150 千字 |
| 书　号 | ISBN 978-7-5169-2653-6 | | |
| 定　价 | 68.00 元 | | |

# 前　言

贫困一直都是人类亟待解决的重大问题，教育、医疗卫生、就业、犯罪等问题往往也和它有着千丝万缕的联系，因此联合国、各国政府、社会组织和一些慈善家，一直致力于解决贫困问题。可是，要改变贫困的局面非常困难，因为穷人要变富往往需要一个漫长的过程。

那么，穷人为什么常常很难从低层次的生活中跳出来呢？主要有三个方面的原因：第一，资源不足，资源不足决定了穷人的起点要比其他人低很多，他们无法获得足够多的资源来提升自己的实力，也就没有足够多的机会赢得各种竞争；第二，社会分配机制的失衡，如果说穷人资源不足是先天造成的，那么后天分配的不公——社会分配机制的失衡，则让他们丧失了更多发展机会，于是富人的机会越来越多，财富也越积越多，而穷人的机会不断被剥夺，很难获得大量财富；第三，个人的挣钱能力薄弱，个人对财富认知水平、个人的生活和工作态度，以及对资源的配置能力都会影响一个人的赚钱能力。认知能力越高，生活态度越积极，资源配置的技能越丰富，就越容易摆脱贫困局面；反之，则很难完成财富积累。

很明显，前面两个原因受制于外在大环境，我们很难摆脱它们的影响；而后面一个原因则和个人的思维有关，我们扭转思维便可让现状得到一定的改善。有一个问题需要说明一下，这里谈到的穷人并不单单指那些处于“贫困线”以下的人，更是指那些无法处理好经济问题导致个人或者家庭经济紧张的人。不知道大家有没有听过这样一个词——“穷人思维”。大多数非外在原因引起的贫穷都和穷人思维有关，或者说正是因为穷人思维的存在，才影响了人们对财富的敏感度和挣钱的能力。这也是为什么在谈到个人的一些不合理投资或者不合理的资产配置时，经常会使用穷人思维这个词汇来描述他。

其实，穷人思维更多时候是一种思维层面的说法，主要强调个人对财富以及挣钱方式、挣钱策略的认知水平。一般来说，拥有穷人思维的人比较保守，他们因受自身所处的自然环境以及成长空间的影响，往往缺乏更上一层楼的决心，我们可以把这类人称为“低财商者”。

在中国古代，其实就有很多关于经济思维的说法。比如，竭泽而渔说的就是只顾眼前利益，而牺牲了长远利益（可持续发展）；谷贱伤农谈论的就是价格下降对收益的影响；田忌赛马讲述的是资源的优化配置和竞争的出其不意；“强本而节用，则天下不能贫”则反映了开源节流的问题。

在这些思维中，其实也有很多反映低财商的“穷人思维”的内容。穷人思维并没有一个明确的概念，大多数情况下是强调个人在相关行业以及商业社会运行规律方面的理解层次不够高，它通常有这样一些特点：

——无法看得更远

——追求片面，而非全局

——资源利用率低

——从众心理，缺乏独立性

——缺乏风险意识

——情绪化投资

比如，很多人在创业、投资或者工作中，只注重眼前利益的索取，却忽略了更长远的目标与追求。他们喜欢投机，没有长线作业的想法，对于以后的发展也没有明确的规划和远大的目标。这些人不喜欢投入和付出过多的成本，低成本的项目是他们的最爱，而且他们通常都缺乏合作精神，只顾及自己的私利。

又如，他们缺乏更好的资源整合意识，不懂得如何激发出资源的最大价值，更没有利用优质资源的意识，所以很多时候他们混迹于现有的低财商者的圈子，并且常常出现明显的仇富心态，拒绝向富人靠拢。此外，他们对于时间的管理很糟糕，可能有比较严重的拖延症；在资本或者资产管理方面存在明显的缺陷，资产组合结构单一，抗风险能力很差。

穷人思维是一种低层次的经营管理思维，也是一种低层次的决策思维。它常常只抓住表面现象，而忽略了事物发展的内在规律，导致相关的决策和行为常常很低效，不仅容易错失良好的机会，还容易承受巨大的风险，使人无法获得更多的财富。

本书立足于对穷人思维的分析，描述了那些导致个人经济问题和财富匮乏的不合理行为，并以此为鉴揭露市场经济时代人们实现财富自由的密码。主要从个人愿景、成长空间、思维层次、个人习惯、生活心态、危机意识等多方面入手，为读者提供了非常实用的策略和方法，从而帮助读者重新梳理自己的理财意识，树立正确的财富观念，培养更高层次的投资思维，并掌握科学合理的资产配置方法，提升自己的“财商”。

本书设置了很多名人企业家和投资者的案例，也搜罗了很多现实生活中的投资案例，而且问题的描述和分析也从实际生活出发，从而为读者提供更为直观的参照。文字明白易懂，就连晦涩难懂的经济学理论知识、投资理念和投资逻辑，也尽量描述得通俗有趣，确保读者阅读起来不会有什么障碍。不过，本书仅仅具有参考价值，很多时候只是提供了一个示范，提供了一个方向，或者提供了一种思路，它并不是收获财富的终极保障。读者想要实现财富的快速增长，想要摆脱“穷人思维”的困扰，还是应该更多地结合相关的理论知识，在实践中多锻炼，这样才能真正打造出一套适合自己的财富增值系统。

# 目录
Contents

## 第一章　始于贫困，终于贫困



## 第二章　培养野心，才能抓住更大的财富

## 第三章　突破低层次的环境，为自己的发展铺路



## 第四章　摆脱穷人思维，像富人一样挣钱

## 第五章 打造良好的行为模式，变富从习惯做起



## 第六章 开阔自己的胸怀，培养富人心境

## 第七章　提升风险抵御能力，为财富保驾护航



## 第八章　穷人变富的一些实用方法

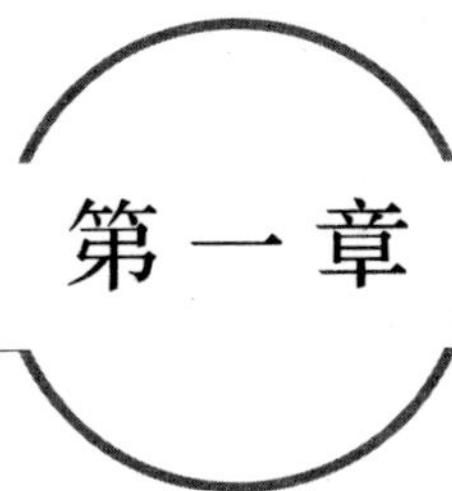

# 第一章

## 始于贫困，终于贫困

# 这个世界比你想象的要贫穷

2019年7月1日，国家统计局发布了《沧桑巨变七十载 民族复兴铸辉煌——新中国成立70周年经济社会发展成就系列报告之一》，报告显示，2018年我国人均国民总收入达到9732美元，约67000元左右，月工资约为5600元。5600元的月工资并不算高，然而更严峻的现实是，有一大批人都被高收入群体给平均了，事实上，全国有很大一批人的工资远远低于5000元。2020年，国家统计局公布的2019年人均国民总收入为10410美元，每个月平均不到5800元，同样地，有很大一部分人被平均了。

在2020年，经权威机构①进行调研，发现中国大约有6亿人的月工资仅为1000元。与此同时，国家统计局在2020年还公布了另一个信息：2019年居民人均可支配收入为30733元，这意味着我国2019年的居民人均可支配的月收入是2561元。两相对比之下，就会发现大约有6亿人的月收入还不到人均可支配月收入的一半。

① 2020年6月15日，国家统计局新闻发言人付凌晖称，根据2019年相关数据，低收入组和中间偏下收入组共40%，家庭户对应的人口为6.1亿人，年人均收入为11485元，月人均收入近1000元。

通过数据的对比，就可以直观地了解国民收入的不平衡。可以说，我国还有很大一部分人处于低水平的生活当中，这些低收入的群体完全可以被称为穷人。如果将目光放大到整个世界的范围，那么世界上的穷人会更多。按照世界银行对绝对贫困的定义，即年收入在420美元以下的群体，全世界至少有11亿人。

尽管全球经济一直都在向前发展，但无论是国内还是国际，低收入人群始终保持着一个庞大的数字，这个数字甚至庞大到超出人们的想象。造成低收入的原因有很多，战争、疾病、环境恶劣、教育缺乏、自然灾害、意外事故等，都会给个人和家庭的经济带来严重影响。比如，非洲大部分国家的经济都不发达，民众的生活水平普遍偏低。这种情况是怎么造成的呢？是由战争频发、自然灾害很多、生存环境恶劣、疾病和瘟疫蔓延等多重因素导致。又比如，印度和巴西的经济发展比较好，可是国内仍旧有很多穷人，这些人生活在贫民窟，受教育程度很低。美国的很多黑人社区也是如此，这也从侧面反映了人们容易受到不良环境的影响。2021年3月25日，联合国发布了《2021年可持续发展融资报告》，报告指出新型冠状病毒感染疫情直接导致1.2亿人陷入极端贫困状态，这就是典型的疾病引发的群体贫困现象。

以上这些都是导致贫困的外部因素，通常和国家和地区的社会地位、经济发展水平、内部矛盾，以及一些灾难性的意外事故有关，这些通常是个人很难去规避和解决的，所以往往会引发群体性的贫穷。除了这些因素之外，个人的性格、行为习惯、思维模式也会影响财富的获得与积累。

比如，很多人之所以贫穷是由于懒惰，他们不肯脚踏实地地工作，总是幻想一夜暴富和投机取巧，结果往往适得其反。还有一些人做事缺乏章法，对于财富的认知能力不足，缺乏挖掘财富、获取财富、对待财富的思维，因此总是与财富无缘。

全球知名企业家、投资家和财商教育专家罗伯特·清崎，曾经与学者莱希特共同完成了《富爸爸财务自由之路》一书。在书中，两个人谈到了一个概念——财商。所谓"财商"，指的就是个人对财富的态度和处理方式，是个人应对财富、管理财富、驾驭财富的能力。财商偏低便是引发低收入的一个重要因素，很多人也习惯将低财商当成穷人思维。

低财商的人并不等同于那些因为恶劣生存环境而生活困难的人，他们可能生活在和平的社会，接受教育的程度并不低，也没有遭受自然灾害与疾病的影响，但是没有获取财富的能力，无法实现真正意义上的财务自由。事实上，低财商的人占据了绝大多数，这也是为什么只有极少数人可以在工作、创业、投资中获得成功，有机会掌握财富的规律。

通常情况下，低财商的人并不是绝对意义上的穷人，他们的薪资水平和收入可能比国际上规定的贫困线高很多，也要比国内规定的穷人标准高一些。但是，他们和穷人一样，没有办法摆脱财务困境，房贷、教育费、生活开支、医疗开支经常会给他们制造巨大的经济压力。他们对于财富的认知就和那些穷人一样，无法使自己从枯燥、烦琐、低回报的工作中解脱出来，也无法使自己实现财富自由，只能一直在现有压抑的生存状态下挣扎。

一些调研机构经常会针对家庭财富做一些社会调查，几乎每一次都有90％的上班族表现出对经济问题的担忧。他们最担心自己突然失业，担心家庭出现变故，担心家里有人突然生大病，因为无论哪一个环节出现问题，都可能会引发家庭经济的突然崩盘，也许房贷第二天就无法续上，也许孩子的教育费突然就拿不出来，也许家里的柴米油盐就无法供应……但是，这些人在承受巨大压力的同时，没有能力去做出改变，甚至害怕去做出改变。

和那些因为外在因素引发的贫困者不一样，低财商的人可能拥有不错的生活环境，可是由于对财富认知和掌控能力的缺乏，导致他们的生活质量并不高。就像在当前竞争越来越激烈，生活节奏不断加快的环境中，多数上班族可能都处于一种“缺钱”的状态，他们很难找到改变现状的机会，也很难把握住好的机会。因此，他们在很多时候就和那些挣扎在贫困线上的人一样，始终在为金钱奔波，始终在担忧那些和钱财相关的问题。就像印度作家阿马蒂亚·森在《贫困与饥荒》中谈到的那样，识别贫困的方法不仅仅在于制定一个最低的收入标准，还在于制定消费组合是否满足生活需要这样的标准。一个月薪6000元的人并不能归于贫困范畴，但是由于要偿还房贷、车贷，个人的生活非常拮据，因此他同样属于穷人。

正因为如此，在物质生活不断丰富的今天，很多人都是有苦难言。这个世界可能比想象中的要更加贫穷，至少多数人没能够摆脱财富不足带来的困扰。

# 谎言：勤奋就可以改变命运

著名的发明家爱迪生说过："天才就是1%的灵感加上99%的汗水。"这几乎成为人们追求成功的一个标准理念，无论在什么行业，无论是什么人，无论从事什么工作，大家都会习惯性地产生一个想法："只要我足够努力，只要我能够保持勤奋的态度，那么就一定可以获得成功。"在获得财富的道路上也是如此，各行各业的奋斗者都会将勤奋努力作为个人实现财务自由的基本原则。

可是，在现实生活中，仅仅依靠努力，多数人都难以获得成功，更难以从穷人阶层跳到富人阶层。比如，中国的东莞每年都会迎来很多年轻的创业者，他们非常渴望在这里扎根，拓展自己的事业，纷纷借钱、贷款开设工厂。这些人非常努力，每天和工人同吃同住，一起加班加点干活，然而只有很少的人可以在东莞生存下去。

北京据说是距离梦想最近的地方，于是每年有无数怀揣梦想的毕业生涌入北京，向往在这里有所作为，闯出一番天地。这些人有的在公司上班，有的选择自主创业，他们非常节俭也非常努力，住着廉价的合租房，

吃着价格便宜的快餐，乘坐拥挤的公交和地铁，不敢在工作上有一丝一毫的懈怠，可是最终在北京站稳脚跟的人有多少呢？有多少北漂族依靠自己的努力实现了在北京全款买房，有多少人结束北漂生涯实现了财务自由，又有多少人最终拿到了北京户口呢？

越来越多的证据表明，生活中并不是严格遵循“一分耕耘一分收获”，有时候付出再多也看不到回报，很多人认为只要自己足够努力，甚至比其他人更加努力就可以获得成功，结果命运恰恰和他们开了一个玩笑。无数次的无功而返，无数次的跌倒爬起，我们才发现个人的努力只有建立在拥有更多优质资源和能力的基础上，才能更好地发挥效用。

这个世界存在一个残酷的真相，那就是多数人再怎么努力，都难以成为非常有钱的人。为什么会这样？究其原因，是二八法则的存在。自从1897年意大利经济学者帕累托发现并提出这个理论以来，人们发现的所有关于财富的模型和利润，归根结底都逃不开二八法则。

比如，当整个世界的经济每年都在以2%甚至更高的比例增长时，人们往往会发现自己的个人财富并没有增加，至少没有按照2%的比例增长，这时就会发现经济的发展似乎和自己无关。当社会平均工资突破7万元大关，而自己仍旧停留在3万元的贫困区时，人们就会意识到自己又“无情地被平均了”。为什么自己拖了时代发展的后腿，成了被时代发展抛弃的那一部分人？原因就在于二八法则——20%的人掌握着80%的财富；20%的人掌握了80%的发展机会；20%的机会却创造了80%的财富。

这个世界的经济主要是由20%的人来推动的，也主要由20%的人来掌控，这就是生活的真相。于是，多数人无法获得一份体面的工作，多数人辛苦一辈子也无法买到大城市的一栋房子，多数人都无法实现财富自由。财富被那些社会精英垄断了，资源也被他们垄断了，他们可以获得最高价值的信息，可以享受最好的平台，可以使用最多最好的资源。

在企业中，最核心的团队永远享受本企业最高的薪酬和福利，骨干成员会拥有最好的发展平台和最好的资源供应；在教育体系中，最好的学生和最富有的学生，可以获得最优质的教育；在社会关系层面，成功者能占据最多的优质人脉。而多数普通人的出路基本只有一条，那便是和剩余的80%的普通人去争夺资源，从而确保自己不会成为穷人，可是这非常难。

一个最典型的例子就是教育，低收入家庭出身的孩子想要摆脱命运太难了。首先，由于经济条件有限，他们无法像城市的孩子那样获得良好的教育资源，学习成绩普遍偏差。很多人在初中或高中阶段就离开了学校，而很多人高考成绩没有通过二本线或一本线，也会放弃读大学的机会，因为他们家庭的资源配置会让他们选择短期更见收益的打工，而不是读一个名不见经传的普通高校，四年后再毫无胜算地加入求职大军。即便是大学毕业，贫困家庭的孩子也无法像富裕家庭的孩子那样拥有良好的社会资源，他们的父母不具备优质的人际关系，无法给他们提供更多的帮助。一些幸运儿可能会考上公务员，可能会进入一家不错的企业，但不可能用父母的钱和人脉去创业，也不可能自费出国深造。尽管没有一个确切的调研数据，但是能从贫困地区走出来，并且彻底改变自身命运和家庭命运的人为数不多。多数农村的孩子和家庭贫困的学生，最终的归宿就是成为80％普通人中的一员，甚至仍旧像父辈一样生活在农村，做着一份普通的工作。

二八法则是一种资源分配的基本形式，而推动这个法则运作的就是马太效应。这个效应会让富人越来越富，穷人越来越穷。马太效应的本质是社会资源分配机制的不平衡，直白地说，就是资源总是倾向于流向社会精英，而穷人将会失去更多。

最近几年，全球富人阶层的财富增长速度远远超过了普通阶层的财富增长速度，那些最富有的人每年的资产可能以几十亿、几百亿美元的速度增加，而最穷的那批人每年就停留在几百美元的收入，双方之间的差距只会不断扩大。

富人挣得很多，按道理也要缴纳更多的税，但事实上国外的很多富人可以通过捐赠或者成立慈善基金的方式实现完美避税，或者找到一个税收洼地，然后以自己的名义设立个人独资企业，这些独资企业通常享受国家合法的税收优惠政策，而穷人根本无法逃避税收的困扰。而且近几十年，各国对富人征收的税率不断降低，而穷人的税率始终没什么变化。在巴西等一些国家，还会发生一些令人感到匪夷所思的情况：最贫穷的10％的人口所缴纳的所得税率要高于最富有的10％的人。此外，当国家加大对富人收税时，富人会将这些成本转嫁到穷人身上。

无论是二八法则还是马太效应，表明整个社会的运行机制对低收入

者都不是那么友好，即便社会一直都在完善分配机制，一直都在努力实现公平和平等，也无法改变低收入者处于劣势的事实。如果仅仅依靠埋头苦干，实现翻身的机会仍旧不大。人们更需要做出改变，需要让自己对财富变得更加敏感，更需要强化自己挣钱的能力，从“低财商”提升为“高财商”，这也许才是实现财富自由更加有效的策略。

## 低财商：你一直在拒绝财富的靠近

在影响个人财富的所有因素中，很多外在因素改变起来非常困难，因此人们不妨试着改变一下较为容易改变的内在因素，可以试着对自己的能力进行提升，争取掌握更多挣钱的秘诀。财富获得有自己的规律和密码，这是毋庸置疑的，然而，一些人浪费了获取财富的机会，一直都在拒绝财富的靠近。这些人始终在用穷人思维来看待财富，始终都像穷人那样追求财富，结果就是最终成为穷人。

低财商绝对是影响个人获取财富最大的内在因素，尤其是在信息时代。身处信息时代，人们本有机会接触更多的信息，从事更多的工作，获得更多的财富，但由于个人对于财富的错误判断，对于资本的错误操作，对于财富运作的错误理解，个人的运势不断遭到摧毁。

比如，2021年一开始，证券行业就传来不好的消息，基金延续了2020年下半年的不良势头，一路飘绿，三大指数全线下跌。而这个时候真正让人揪心的是，投资基金的生力军大都是年轻人。这些年轻人本着“尽早理财”的思路投资基金，却不料成了被收割的对象。

为什么年轻人炒股、买基金会这么难？年轻人的理财之路就注定那么坎坷吗？如果进行深入分析，就会发现问题在于年轻人根本不会理财，至少没有掌握理财的技能。他们属于冲动型的投资者或者说投机者，只想着快速挣一笔钱，却没有对整个局势进行分析，也没有一个明确的投资计划，只是盲目地跟随他人投资。

从这些年轻人的投资案例中，可以窥见低财商的人所拥有的一些共性。

第一，缺乏挖掘商机的能力。

随着时代的发展和信息技术的不断提升，人们发展和赚钱的机会越来越多，但是多数人对于财富的敏感度不高，无法挖掘身边的机会。

一般来说，这种低敏感度表现在两个方面：一方面是对时代发展趋势和国家政策的忽视，另一方面是无法把握行业发展的规律。时代发展和国家政策往往会指明发展的契机，甚至决定了创业的风口，但很多年轻人无法从这些信号中挖掘到有价值的信息，所以他们错过了地产行业的黄金时期，错过了电子商务的黄金时期，也将错过智能时代的黄金时期。

很多人只专注自己要做的事，没有想过自己所从事的行业最终的发展走向，也没有考虑该行业发展的阶段及面临的机遇和困境。他们对自己所处的行业一无所知，无法把握该行业发展的机遇，也无法规避行业中存在的风险，以至于在股市行情不佳的情况下，还要执着于购买基金和股票。类似的情况还发生在电商领域。同样是做电商，阿里巴巴在传统电商模式基础上拓展了线上线下结合的零售行业，拼多多发展了低价拼

单的电商模式，一些短视频平台则推出了短视频带货的商业模式，而很多年轻人还在坚持最初的电商运作模式，最终只能被淘汰出局。

第二，缺乏合理资源配置的能力。

说到理财，必定会涉及“资产多元化”的问题。一个聪明的理财者往往会优化自己的资本结构，打造丰富而优质的资产组合，他们会在主业之外开辟新的渠道，炒股、储蓄、保险、现金、房产、债券都有涉猎，还会依据个人的经济条件和能力来灵活决定份额大小。而很多人对于理财仅仅停留在“项目越多越好”的阶段，对于什么项目最适合自己，应该如何进行资本分配则毫无头绪。盲目而混乱的资源配置不仅造成了资金的浪费，还增加了投资的风险。

第三，缺乏必要的耐心。

资本需要一个成长过程，投资也需要一个发育的空间，然而很多人太过心急，等不了那么长的时间，格外偏爱那种立即产生回报的投资项目，以及那种没有风险的理财项目，任何需要等待且存在起伏的项目都会被他们嫌弃。正因为如此，投机常常成为他们的首选，他们无法获得一个持续性盈利的机会，也无法获得那些具有潜力和长期发展优势的项目，这直接导致他们在资本积累方面处于劣势。

第四，单打独斗，不懂合作。

如果意识到自己有机会赚钱，很多人都会放弃寻求合作的机会，对他们来说，一个人单打独斗是最理想也最自由的挣钱模式，根本不用与人产生利益纠葛。可是，一个人的资源和能力毕竟有限，无法处理好所有

的事情，如果不能从外界获得帮助，无法依靠他人来挣钱，不能打造一个优质的团队，自己将会承受更多的困难和风险。

第五，缺乏更多的资本运作技巧。

在赚钱金字塔中，最底层的人都是依靠出卖劳动力赚钱的，他们会将自己的体力、时间、健康出卖给雇主，然后换取微薄的报酬，这类人对于财富的理解仅仅停留在“我需要一份工资”的层面上。位于金字塔中间层的人属于技能型人才，他们拥有比较强的个人能力，懂得利用自己的才能赚钱，与底层出卖劳动力的人相比，他们能够将自己所学的知识和掌握的技能换取更多的财富，高级工程师、技术研究员、行业内的专家、大学教授等，都属于这一层面的人。位于金字塔顶尖的则是资本运作人才，他们不再满足于依靠体力和技术挣钱，而是想办法调集资金，利用资本来创造财富，即所谓的钱生钱，很多金融工作者、投资大师和理财专家都属于这一层次的人。绝大多数人都无法成为金字塔顶尖的人，他们缺乏资本运作的意识，也缺乏资本运作的各种高超技巧，因此财富并没有青睐他们。

总的来说，财富的高低往往带有很强的主观因素，个人对于财富的理解以及他挣钱的方式，决定了他获取财富的上限。如果没有高财商，没有经营财富和运作财富的能力，那么个人很容易与财富绝缘。

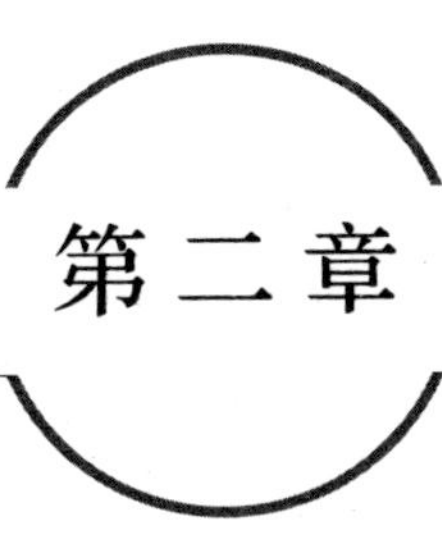

# 第二章

# 培养野心，才能抓住更大的财富

## 敢想敢做，树立更高的人生目标

传媒大亨巴拉昂去世之后，法国的《科西嘉人报》刊登了他生前制定的一份特殊遗嘱，遗嘱中他向所有人提出了一个问题："穷人最缺什么？"他要求大家将答案寄给《科西嘉人报》的报社，回答正确的人可以从他的保险箱里获得100万法郎的奖金。很快，这个消息就传遍了全世界，大家纷纷写信，给出自己的答案，但是只有一个小女孩给出了正确的答案，那就是野心。巴拉昂早年很贫穷，甚至连饭也吃不饱，可是凭着对财富的极度渴望以及跻身上流社会的野心，他最终成了法国的大富豪。正因为如此，他认为野心才是促使一个穷人变得更加富裕的关键因素。

巴拉昂用自己的亲身经验指出了富人世界的生存哲学——要有野心。而这的确是低收入群体中普遍缺乏的一种特质。仔细观察和分析一下世界上的顶级富豪，不难发现这些人无一不是在野心的推动下完成了财富的积累。股神巴菲特一直孜孜不倦地寻求更好的投资项目，贝索斯在创办了全球最大的网上书店亚马逊后，又开始探索宇宙奥秘，科技巨子马斯克则在新能源汽车、超级高铁和太空探索方面不断进步，甚至计划着某一天要帮助人类移民火星。这些人在远大目标的指引下一步步走向成功，又在成功后制定更加远大的目标。

反观世界上的大多数低收入人群，他们没有远大的目标，每天只惦记着一件事：填饱肚子。很多公司都去非洲开拓市场，并且雇佣非洲当地人工作，可是这些人并没有将工作当成改变命运的机会，也没有更大的人生抱负，他们更习惯工资日结的工作，这样拿到工资后便可以出去消费，等钱全部花完了再继续上班。

可以说，目标的高度决定了一个人发展的高度。由于没有更高的奋斗目标，低收入者的工作动力和工作状态都会受到影响，他们不愿意拿出百分之百的实力和状态做事，这是抑制个人竞争力和发展的重大阻力；由于没有更高的追求和更大的野心，穷人往往会排斥那些高风险、高收益的投资项目，这导致他们丧失了快速积累财富的机会；由于没有更高的人生目标，他们变得非常容易满足，任何一点微小的成就都会令他们止步，放弃继续前进的想法，阻碍了财富的进一步增加。

低收入者和高收入者对待财富的态度截然不同，更多时候低收入者只期待着解决眼前的生活需求，而高收入者对于财富的追求更多的是一种更高的精神体验，是为了实现更高的理想，于是对财富的追求更为热切。因此，对低收入者来说，想要积累更多的财富，就要建立起追求更多财富的远大目标。

首先，可以尝试着制订一个灵活的长期规划，先设定一个小目标，然后依据自己的完成情况，不断增加目标的难度。比如一些生活条件不好

的人，可以先尝试着开一家小店，尽快挣到20万元。接着可以制订一个更大的计划：开设一家小超市，挣到100万元。等这个目标实现之后，又可以制定更大的目标：开连锁超市，挣到500万元。对于低收入者来说，最重要的不是去想，而是去做。从小目标做起，逐步提高目标实现的难度，就可以更有效地推动自己制定更高的目标。

其次，要严格约束自己的行为，不要做和目标背道而驰的事情，不要在无关紧要的事情上浪费太多时间，像玩手机、玩网络游戏、逛网店、逛街、浏览网页等，都要尽量减少，控制好娱乐休闲的时间，把时间和精力集中到工作中去。个人的野心最终要通过实践和努力来完成。如果人们足够自律，那么一定有足够多的办法去实现更大的目标，也有足够的意志力来抵制不良诱惑。

再次，要懂得接触高收入者的圈子并向他们学习，看看他们是如何生活和工作的，如何在资本选项中做出合理高效的选择，如何制造和支配自己的欲望。从最基本的理财思维、炒股模式、投资法则、资产配置、经商技巧、管理模式入手，弄清楚他们是如何从1元钱挣到100万元的，又是如何用100万元在资本市场上得到10亿元的资产，最后如何通过10亿元的资本运作变成1000亿的。向富人看齐，向富人的生财之道看齐，这本身就是推动个人欲望和个人目标不断壮大的有效方法。

最后，给自己设定一个成长目标和高价值的定位。当一个人觉得自己未来的价值只能达到一个公司中层主管的级别，那么他的成长以及财富增加最多只能达到中层主管的水平；当一个人觉得自己的价值是创造

一个跨国公司，那么未来发展的上限可能就是成为跨国公司的老总。一个想着“我的能力只值10万元”的人，和一个期待着“自己的能力价值百亿元”的人，在人生发展和财富积累的模式上会存在很大的差别。对自己未来的定位越高的人，对自我实现要求越高的人，往往能够取得的成就越大。

贫困的人总是处于一种低欲望、低目标、低自我评价的状态，打破这种状态的重要方式就是提升个人的发展目标，让一个更高的目标引导自己走出困局，迎来美好的人生。

# 树立自信心，坚信自己可以获得成功

在某地企业家联合组织的一个关于财富与追求的论坛当中，有人抛出了这样一个问题：当一个贫困的人得到一个挣100万元的机会时，他能够抓住这个机会吗？

多数人给出的答案是：不能。为什么不能？因为不自信。

很多时候，人们都低估了贫穷的力量，它不仅在物质生活上摧残人，还会对人的意志力和自信心产生压制。处在贫困中的人极难相信自己可以获得成功，可以在某一天积累千万资产，因此当获得财富的机会摆在眼前时，他们往往会产生退缩心理。

创业培训机构每年都会招收大量的年轻人，这些人很多都来自贫困家庭，他们渴望获得成功，也渴望凭自身努力改变自己的生活境遇。然而，他们始终克服不了自卑心理，在培训时总是在一些合作项目上缺乏领导力，在一些需要单独完成的项目上不够自信，独立创业时遇到问题便打起了退堂鼓，极难顶住压力迎来成功。

与家庭富裕的人相比，来自贫困家庭的奋斗者，往往会存在一些心理障碍：

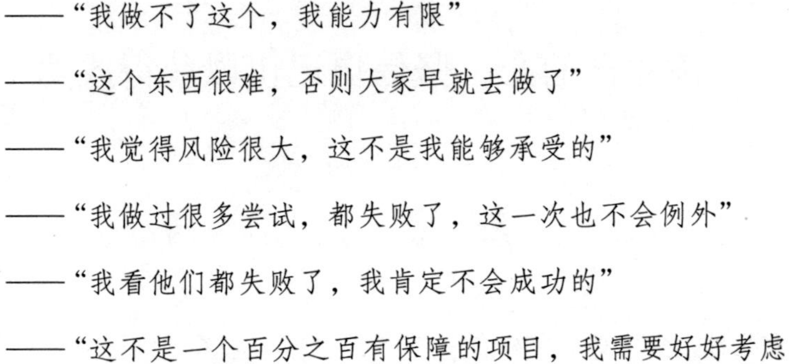

——“我做不了这个，我能力有限”

——“这个东西很难，否则大家早就去做了”

——“我觉得风险很大，这不是我能够承受的”

——“我做过很多尝试，都失败了，这一次也不会例外”

——“我看他们都失败了，我肯定不会成功的”

——“这不是一个百分之百有保障的项目，我需要好好考虑一下”

这些心理障碍主要分为三类：对自身能力表示怀疑，对他人经验的对比，对风险的恐惧。

对自身能力表示怀疑使得他们不愿意进行自我挑战和自我突破，甚至连尝试的勇气也没有。另外，受自卑情绪的影响，这些人对自己的能力也会产生错误的判断。

对他人经验的对比使得自己迷失在与他人不正常的对比中，而事实上，每个人都有自己的优势和不足，别人做不好的事情，不见得自己也做不好。人们要勇于去尝试，走出属于自己的道路。

对风险的恐惧源于对自身状况的担忧，这些人担心自己失败后面临更加糟糕的处境，所以如果没有百分之百成功的把握，他们不敢轻易进行尝试。

正因为这些心理障碍的存在，越是贫困的人越是缺乏自我挑战的信心和放手一搏的勇气，而这也导致了他们在工作、投资和创业活动中少有作为，始终处于困顿的生活状态。而那些富人呢？他们在机会来临的时候，从来不会犹豫不决。有人向石油大亨洛克菲勒请教财富积累的办法时，洛克菲勒没有正面回答，而是非常自信地说："若是将我的钱全部拿走，将我扔在沙漠中，只要有一队骆驼，我就能重建王朝。"大家都觉得他在说大话，但是微软创始人比尔·盖茨对此却深信不疑，他曾说："洛克菲勒是世界上最会赚钱的人。"

自信心是财富的催化剂，是构建野心的基石，如果没有自信心做基础，个人对于财富的野心也就无法保持。每天都要告诉自己"我很强""我能行"，这样遇到困难的时候便懂得给自己加油打气，相信自己可以克服困难实现财富的倍增。

在20世纪90年代，很多创业者在人脉欠缺、资金紧张的情况下始终坚守自己的创业梦想，依靠自我安慰和鼓励走出了困境。在深圳的很多厂房区，许多创业者晚上会偷偷在办公楼里大哭，然后第二天又扬起笑脸不断默念"我能行"，接着转身跑市场、拉资金，一点点艰难地向目标迈进。正是凭着坚强自信和这股不服输的韧劲，创业者们才熬过了那段最艰难的岁月，最终在市场上站稳了脚跟。

另外，给自己设定一个努力一些就能实现的目标，这样可以激励自己努力奋斗。比如，找一份年薪10万元的工作，或者在工作中存下10万元。这些目标并不能决定个人的成长高度，但能够起到很好的激励作用。

2003年，随着第二个孩子的出生，刘先生的家庭负担变得更重了，他不得已辞去了镇政府的工作，开始自主创业。那个时候，刘先生的妻子经常担忧失去政府工作后，一家人将会陷入困境，于是整日愁眉不展，还多次打退堂鼓。为了说服妻子，也为了给自己加油打气，刘先生设定了好几个目标，分别是赚6万元、10万元、20万元、50万元等。随着这些小目标逐步实现，刘先生的妻子对自家的生意越来越有信心，两个人的干劲也越来越足。

定一些“踮起脚便够得到”的目标，能够激发人的斗志，激起人的自信心，点燃人的奋斗热情。自信可以在生活中慢慢培养，而制定一些经过一番努力就能够实现的小目标无疑是培养自信的最佳方式。

有了信心和目标就能成功吗？不，还需要转变思维！穷人总会担心失败后面临更加糟糕的处境，于是他们总是“前怕狼，后怕虎”，白白丧失很多机会。因此，不如冷静地分析一下自己的情况，拿出破釜沉舟的气魄，告诉自己“现状已经如此糟糕了，再糟糕些又何妨，不如放手一搏”。

20世纪80年代，很多农村青年涌入城市打工，不少人在城市买房买车站稳了脚跟。而那些留在农村的人，依然守着土地过着相对困窘的生活。留守的人担心自己身无长处，进入城市之后难以生存，而家里的土地又被荒废，生活会彻底陷入困境，于是不敢离开熟悉的环境，宁愿守着家里的土地过着困窘的生活。而外出闯荡者则认为外面的机会多，虽然不一定赚到钱，但至少有机会改变命运，即便自己一事无成，大不了回去种地。正是思维方式的不同，决定了他们未来的发展之路的迥异。

当然，自信心不是一朝一夕就能养成的，思维模式也不是一下子就能转变的。只有不断努力学习，充实自己，想办法提升自己的技能，强化自己的优势，才能在工作中得心应手，才能让自信心不断加强。如此，方有机会跳出困境，迎来成功！

# 调整“躺平”心理，提升自己的幸福阈值

在日本和韩国，越来越多的年轻人出现了低欲望的情况，他们对工作没有什么激情，对于获得更多的财富也没有什么兴趣，拥有一份稳定的工作，拥有一台游戏机，拥有一个用来居住的房子就可以了。很多日本年轻人甚至每天宅在家里打游戏、看动漫，吃一些水果和蛋糕，并且认为这样的生活很幸福。低欲望的状态无疑压抑了年轻一代的奋斗精神和竞争意识，他们不再像自己的父辈和祖辈那样，有着更高的人生追求和梦想。

这样的情况在中国也越来越多，越来越令人担忧。深圳是中国经济较为发达的一个地区，每年都有很多人涌入这个城市寻找更好的发展机会，但也有很多人在碰壁后改变了这种想法。最典型的就是所谓的“三和大神”，这些人采取了一种非常消极的工作模式：做零工，工资日结。“三和大神”抱着享乐主义来工作，经常过着工作一天休息三天的日子。他们对于生活的追求很低，每天花几元钱吃面，住在城中村最廉价的房子里，将大部分工资花在网吧和手机上。

无论是日、韩的宅男，还是深圳的“三和大神”，都存在明显的低欲望现象。而低欲望的生活和工作使得他们对于财富的理解出现了严重的偏差，这直接影响了他们的挣钱思维和挣钱能力，从而形成一个恶性循环：个人挣钱能力的下降→刺激年轻人进入休眠状态→放弃努力，降低欲望→挣钱能力继续下降。

这些问题并不是国家和政府采用宽松的货币政策就能够解决的，还是需要这些低欲望群体从逃避式的“躺平”心理中走出来，正视个人存在的价值和应该承担的义务。

首先，年轻人在找工作的时候应该弄清楚两个问题，或者说应该问自己两个问题：

问题一，挣钱的目的是为了什么？

多数情况下，穷人对于财富有更迫切的需求，但通常没有更高的需求。穷人对于幸福的理解很多时候停留在一个较低的水平上，吃不饱饭的人，认为最幸福的事情就是吃一顿饱饭；低工资的人，只要获得了更高的工资就会感到满足；摆地摊的人，认为自己有朝一日在街上拥有一个店面就是幸福。可是，挣钱的目的究竟是什么呢？

该问题直接涉及人们看待财富的观念，这种观念并没有一个固定的模式，有的人挣钱就是为了过上更好的生活，有的人是为了提升自己的社会地位，有的人是为了实现自我价值。无论是低层次的物质生活需求，还是更高层次的精神需求，挣钱的目的都应该是让自己过得更好一些，能够用财富的增加来体验到生活的乐趣。既然人们有机会过上高质量的

生活，为什么不去争取呢？

问题二，每天花费多少时间和精力来追求财富？

许多人觉得自己应当知足常乐，但问题是他们很多时候并不清楚自己究竟需不需要钱，需要多少钱，拥有多少钱才能说自己不缺钱了。一个人在20岁的时候，可能认为挣到20万元就已经非常高兴了，这笔钱足够满足他们对社交和购物的需求，对电子游戏和社交活动的渴望使得他们并没有太多地被工作捆绑。到了30岁，面临买房买车组织家庭，这个时候，即便是以县城生活为基准，没有100万元的存款，恐怕也无法说自己不缺钱，人生从这一刻开始变得紧凑，大部分时间开始被工作挤压侵占。进入40岁，家庭生活的负担变得更重，孩子的教育会成为一笔很大的开支，中年人也面临着就业上的困难，并且开始为父母的老年生活和自己不久之后的老年生活担忧。这个时候多数人都会期盼自己可以拥有几百万元甚至上千万元的存款，为此他们不得不日夜工作，工作几乎完全占据了生活。

在每个不同的人生阶段，人们对于财富的需求都不一样，而且追求财富在生活中所占的比重也不一样，所谓的“躺平”心理或许本身就是一个伪命题。

从经济学的角度来说，这个社会本身就是依靠需求来推动的，人们对财富的需求越大，创造财富的潜力也就越大，整个社会的经济发展就越具有活力。相反，如果人们对财富的需求越低，就越没有动力去创造财富，社会的经济发展也就变得越来越缓慢。对个人来说，也是如此，如

果一个人没有太大的需求，或者很容易就获得满足，那么财富的吸引力会不断降低，奋斗的欲望也会降低。

换句话说，人们需要刺激自己的需求，并借助需求产生强大的前进动力，促进自己去追求财富。而想要做好这一点，就需要不断提升自己的幸福阈值。那么具体怎么做呢？不妨从以下几点入手。

第一，设定更高的生活愿景。

100万元对于穷人来说，可能是一个天文数字，他们甚至从来都没有想过自己能挣100万元。可是，当自己手握10万元的存款盘算着如何规划生活时，为什么不想象一下自己收获100万元时，生活会产生怎样的变化？给自己设定一个更美好的愿景，让自己从10万元甚至更低层次的生活中提升到100万元以及更高生活层次上去，必定会体会到财富带来的乐趣。

第二，明确一个更高的财富目标。

当人们从事一份月薪2000元的工作时，想的不应该是“我只适合当一个月薪2000元的打工者”，而要想着如何通过个人的努力，成为月薪2万元的高端人才，或者更进一步，成为月薪20万元的创业者。人们需要跳出自己现有的生活框架，设定更高更大的目标，借助目标的牵引力将自己提升到更高层次的生活上去。

第三，考虑生活的风险。

我们要明白一点，低收入者承受的风险永远要比高收入者更大。低收入者每天为了一份收入微薄的工作累死累活，根本没有任何经济实力

来抵御疾病、意外事故、失业带来的风险。而高收入者普遍拥有较为合理的资产配置，房产、储蓄、股票、基金、保险、实业投资、商铺、理财产品等，使他们基本不用为钱发愁，也不用担心各种意外的发生。相比之下，低收入者更应该改变“躺平”心理，想办法提升自己的风险防御等级。

第四，体验更高层次的生活。

当一个人的收入停留在2000~3000元的水平时，与之相对应的是个人消费停留在500元左右，或者说正是因为这500元的低层次消费，坚定了穷人“我只要挣够2000元就可以养活自己”的想法。所以，想要改变低收入状态下的“躺平”心理，首先就要尝试着改变消费模式，比如可以攒几个月的工资购买大件或奢侈品，高层次生活和高消费会刺激人们更加努力工作，并设定更高的人生目标。也可以花掉一部分积蓄去旅游，在旅途中观察别人的生活，享受一下高层次的生活，刺激自己设定更高的人生目标。

总之，很多低收入者之所以那么“佛系”，有一些是因为没有体验过高层次的生活，也许当他们真正意识到低层次生活与高层次生活之间的差距时，就会不断提高幸福的阈值，想要努力赚钱了。

# 改变那种为他人工作的想法

在中国家庭的传统教育中，读书一直都是人们非常看重的话题，很多父母通常会这样教育孩子：要好好读书，将来找一份好工作。当然，这种教育观念往往来自那些条件不好的家庭，由于父母的经济能力有限，无法给下一代创造一个好的生活环境，他们希望自己的孩子能够获得良好的教育，能够进入大公司上班，能够有一份稳定且高薪的工作。

那些经济条件很好的家庭，父母教育孩子认真读书的理由并不是让他们获得一份体面的工作，而是为了让他们以后可以依靠知识储备进行创业，成立一个好的公司或者收购一家好公司，然后聘用其他人为自己打工。

对待教育和就业的问题，低收入者和高收入者之间具有明显的区别。低收入者在骨子里就缺乏一种自主创业的魄力，或者说缺乏一种领导者的魄力，他们已经接受了自己的身份、地位和在社会中扮演的角色，认为自己只要好好工作就可以了。他们认为依靠为他人上班来提升生活水平，实现自我价值，这就是工作的全部意义。高收入者则更加注重对工作的掌控，更加看重独立性和创造性，他们坚定地认为自己有能力胜任领导职位，没有必要替别人打工。他们总是反复提醒自己："这是我的事业，我必须要做到最好。"

正因为理念上的差别，低收入者家庭的孩子在接受良好的教育之后，最终的归宿往往还是打工，极少数人幸运地进入了世界500强或者中国500强的企业，而多数人仍旧在普通公司领着一份普通的薪水过日子。而高收入者的子女往往会进名校学习，毕业后选择自主创业，极少有人会长期为别人打工。当然，这里固然有良好的经济条件做支撑，但也离不开家庭教育对创业理念的灌输。

高收入者对自己的事业有着更为明确的规划，而且侧重于发挥出最大的价值来证明自己。低收入者通常只想安安稳稳地工作，挣钱养活自己，他们缺乏那种打造一份彻底属于自己的事业的勇气，也没有让自己掌控一切的野心。

从经济学的角度来看，高收入者和低收入者在就业上的差别也可以用主动收入和被动收入来解释。简单来说，主动收入就是自己用劳动力、时间、健康来交换收益，而被动收入通常是支配他人为自己工作，自己即便不付出劳动力、时间和健康，也能获得不错的收益。低收入者通常更习惯于主动收入的模式，他们为了获得公司给予的报酬，就不得不出卖自己的劳动力、时间和健康。而高收入者往往选择被动收入，他们会开公司，办超市，投资其他成熟的公司和项目，借助他人的能力来获得财富。

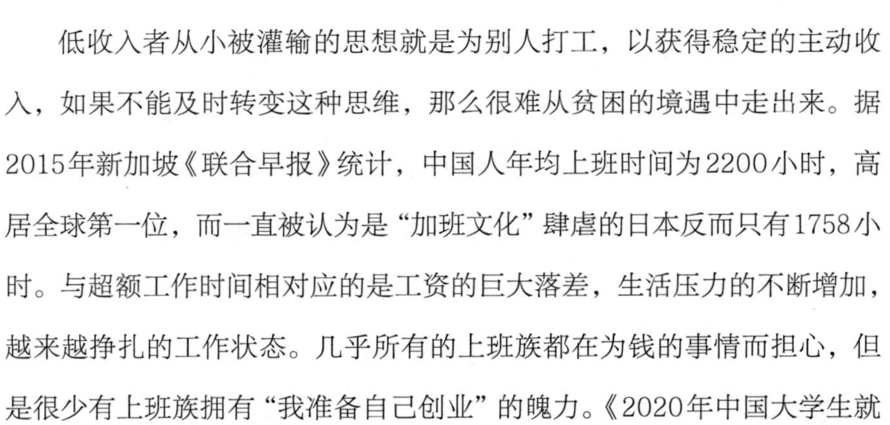

低收入者从小被灌输的思想就是为别人打工，以获得稳定的主动收入，如果不能及时转变这种思维，那么很难从贫困的境遇中走出来。据2015年新加坡《联合早报》统计，中国人年均上班时间为2200小时，高居全球第一位，而一直被认为是“加班文化”肆虐的日本反而只有1758小时。与超额工作时间相对应的是工资的巨大落差，生活压力的不断增加，越来越挣扎的工作状态。几乎所有的上班族都在为钱的事情而担心，但是很少有上班族拥有“我准备自己创业”的魄力。《2020年中国大学生就业报告》给出的数据显示：2019届本科毕业生自主创业比例仅为1.6%，高职毕业生自主创业比例则为3.4%。在就业形势非常严峻的形势下，高校毕业生似乎并没有意识到“应该为自己工作了”。

在巨大的工作压力面前，保守的心态和思维影响了年轻人做出改变的信心。然而，如果他们愿意做出调整，完全有理由也有能力让自己从无休止的打工生活中解脱出来。

首先，给自己当前的价值算一笔账。

从经济学的角度来分析，就可以发现创造价值和获得收益的一些关联性：公司职员创造的收益中有很大一部分被老板吞掉了，整个收益或者说价值应该等于个人获得的工资加上公司获得的收益。

假设K先生在一家公司工作，每个月的工资为3000元，那么他实际上为老板和公司创造的收益远远超过3000元，如果他打造一个属于自己的平台，那么他挣到的钱也会远远超过3000元。收入上的巨大差距无疑可以更好地解释为什么要进行自主创业，为什么要坚持为自己工作。

然后，给自己的未来算一笔账。

每个人都会不断成长和发展，未来的发展应该作为一种重要的考量标准。在打工生涯中，个人的成长空间和财富增长空间往往很有限，而个体户或者企业家成长空间明显更大，财富增长速度明显更快。比如，一个人在餐馆做主厨，每个月的工资为5000元，这个工资基本上很难出现什么变化，也许5年以后，会跟随物价上涨而变成6500元。但是，如果这个厨师决定自己开一家餐馆，那么每个月的纯收益可能会变成1万元，5年以后生意越做越大，他可以打造自己的品牌，可以开分店，雇用更多的人为自己打工。这个时候每个月的纯收入也许会达到10万元。相比于打工者，创业者的未来发展潜力更大，更容易实现财富的倍增。

用经济账目的方式最能体现出打工与创业之间的差别，尽管不是每个人都适合创业，但是从发展的角度来说，创业仍旧是改变命运更好的方式，也是低收入者应该重点考虑的一种方式。

当然，很多低收入者也想过自主创业，但出于对风险的恐惧和对创业选项的困惑，最终选择了放弃。想要解除困惑和恐惧，就要先构建一个基本的创业思路，然后再决定自己是否应该结束打工生活。

首先，对自己目前的相关资源进行分析，看看自己是否有能力进行创业。这种能力包括个人能力、个人资金、个人的人脉资源、个人的心理素质等。

其次，寻找一个合适的创业方向，看看自己应该做点什么，又有什么是最适合自己做的，这里主要涉及个人的专业能力评估和市场上的项目

评估。个人专业能力评估可以侧重于分析个人擅长做什么，最大的优势是什么，从而明确创业方向。而市场项目评估一般从“收益大小”“发展潜力”“操作的难易程度”“差异化”等方面入手，不过需要同个人专业评估结合起来进行考虑。

对于低收入者来说，创业不是必需品，但还是应该保持一种“改变自我”的想法，时刻寻求自我改变的契机。这样，一旦时机成熟，便可以牢牢把握，改变自己的生活现状。

# 主动推销自己，展示自己

诺贝尔经济学奖获得者赫伯特·亚历山大·西蒙在多年前曾这样说道："随着信息的发展，未来有价值的不再是信息，而是注意力。"不久之后，英特尔前总裁葛鲁夫对这个说法进行了强化："整个世界将会展开争夺眼珠的战役，谁能吸引更多的注意力，谁就能成为世纪的主宰。"在那之后，"注意力"这个概念开始逐渐流行开来，IT界和管理界形象地将注意力描述为一种经济模式，注意力经济开始不断被人提起。

注意力经济的一个主要表现方式是自我营销，企业为了宣传自己的品牌和产品会设定各种营销方式，而这些营销方式都是为了告诉别人"我有什么优势，可以给你们带来什么体验"。个人也是如此，一个人想要获得更多更好的发展机会，就要想方设法进行自我营销和展示。

比如，个人的能力、岗位需求、工作态度都会影响一个人在职场上的发展。很多人总是抱怨，为什么自己的能力不比其他人差，工作态度也不比其他人差，却难以获得老板的认同和重视？其实，他们忽略了一个问题——自我营销和魅力展示。那些获得老板认可的人，往往更有野心，

也更加懂得如何在公司里做自我营销，懂得如何在老板面前展示自己。

西方有这样一句古老的谚语：“鳕鱼下了一万个蛋，而家养的母鸡只下了一个；鳕鱼从来不开口讲述她所做的，因此我们轻视鳕鱼却奖赏家养的母鸡。”善于自我营销的人，会将自己身上最重要的特质、最重要的价值展示出来，而这些东西通常又是老板最在乎的。

都说机会需要自己去把握，自我营销就是把握机会的重要方式。那么，人们究竟应该如何进行自我营销，让老板注意到自己呢？

第一步，告诉老板“我是谁”。这里的“我是谁”可不仅仅是一个名字，更是一种角色和定位，比如“我在公司里做电气方面的工作”“我叫XXX，是一个做市场营销的职员”。需要注意的是，定位本身涉及专业性的问题，因此人们需要强调自己的职位和职业。

在一家公司里，可能有成百上千名员工，甚至有几万名员工，老板不可能全部都认识，他也没有这样的精力逐一去进行了解，因此很多时候需要员工自己来把握机会进行自我介绍和自我营销，告诉老板自己是谁，在公司里扮演什么样的角色，从事什么工作。比如，很多员工会在内部会议或者老板前来视察的时候，做一些简短的发言，然后顺带介绍自己，这样往往可以更好地让对方记住自己。需要注意的是，相比于告诉老板自己是什么职务，更重要的是突出自己做什么工作，在哪个部门上班，曾经做过什么项目。

第二步，告诉老板“我身上有什么价值”。这里主要强调个人的能力、经验和业绩，比如告诉老板，“我是学经济学的，之前一直在做财会方面

的工作，负责梳理内部的财务问题”“我之前做了十年的市场营销，几乎附近的每一个城市都去过，公司的每一个大项目我几乎都参与过”“我在市场部工作，可以为公司的客户提供各种问题的解决方案”。价值展示就是告诉老板“我来这儿的原因是什么”“我所在的这个岗位能给公司带来哪些效益”，这是注意力经济的核心部分，也是最需要技术含量的一部分营销内容。

个人在进行价值展示的时候不能让人觉得是在炫耀和卖弄，也不能让人觉得自己自信心不足，因此保持一个不卑不亢的姿态很有必要。价值展示要尽量保持客观，重点突出自己在技术能力上和经验上的优势，而且最好说一些其他人不具备的优势，这样就可以更好地迎合老板的需求。

第三步，描述和展示自己的愿景。谈论自己对未来的期待和规划，是展示个人野心的基本模式。如果说“我是谁”以及“我能为你提供什么价值”代表了当前状况的一种展示，那么描述个人愿景则是对个人发展的一种规划，它代表了个人成长的需求和诉求。而这种成长需求往往可以赢得老板的重视，每一个老板都喜欢那种有追求、有成长目标的员工，毕竟员工有野心并不是坏事。一个普通的技术工人如果告诉老板自己想要成为工程师，想要成为行业内的技术精英，那么老板一定会对他重点进行关照，甚至可能会提供给他更多的机会和发展平台。从某种意义上来说，员工在描述个人的发展愿景时，也是在描述和迎合老板的发展愿景。

在销售领域也是如此，人们需要对客户展示更好的个人形象，告诉客户我是谁，是做什么的，然后重点强调自己可以为客户提供何种稀缺资

源，或者提供其他人无法提供的优质产品，最后还要为客户描述一个更好的愿景，无论是合作愿景、发展愿景，还是服务愿景，都可以强化个人的形象，吸引客户更多的关注。

实现层次上的跨越往往是最困难的，个人能力的提升固然很重要，但如果想要摆脱目前的困境，跳到更高层次的生活圈和工作圈，在懂得自我完善和进步的同时，还要掌握更多自我营销的技巧。毕竟吸引更高层次人的注意，你才能获得更多的发展机会。

# 第 三 章

# 突破低层次的环境，为自己的发展铺路

# 主动跳出自己的圈子，谋求更好的机会

社交活动是社会活动中最重要的组成部分，一般来说，社交活动越频繁，互动的范围越广，那么社会的运作也就越有活力。可以说，良好的、活跃的社交活动是社会进化的关键。

不过，社交活动具有比较明显的倾向性，人们更愿意和同一生活层次的人交流。同一生活层次意味着有共同的爱好，相似的人生经历和生活轨迹，甚至在知识构成和视野上也有诸多共同点的人群。正是因为太多的相似性，使得同一生活层次的人组成了一个生活圈子，这个圈子的人往往很难产生不同思维的碰撞，很难突破群体思维的天花板。

举个非常简单的例子，一个月收入3000元的打工者，想要改变目前的状态，但是根本不知道怎么做。这个打工者身边的朋友和同事也都是月收入3000元上下的人，他们无法给他提供更好的建议，只能安慰他继续做下去，慢慢寻找合适的机会。接下来，这个人可能会一直在原单位做下去，当一个普通的打工人。

同样，一个月收入3000元的打工者想要去自主创业，经过认真分析和调查，他选中了一个看起来很有潜力的项目。这时他周围的同事、朋友和家人很有可能出来劝阻，他们会说“创业很难，风险很大，你可能承受不住压力”“你的学历和技能都不够，你对那个项目不够了解”“创业太难了，还不如继续待在工厂里上班，至少每个月的温饱不成问题”。在大家的否定中，这个人往往会打消创业的想法，继续待在岗位上工作。

人们所处的环境往往决定了他们的思维高度，在低层次的环境中生活的人很难让自己的想法达到一个很高的高度，即便有人能够想得更高更远，也会受其他人低层次想法的牵制和影响。这也解释了为什么贫民窟当中很少有人获得成功，为什么一个人的周边都是穷人时，他往往也会成为穷人。

人一旦在一个圈子里生活得久了，就会形成一个舒适区。在这个舒适区内，人们容易形成社交的固化模式，大家会排斥接触圈子以外的人，不愿意走出去，因为一旦做出改变，就意味着要重新构建自己的资源和生活模式。而低收入者的圈子就是如此。

可是，低收入者做出改变势在必行，除非自己安于现状。低收入者只有勇敢地去接触不同区域、不同类型、不同层次的人，不断开拓视野，丰富自己的人际关系，才有希望谋求更好的发展机会。

斯坦福大学教授马克·格兰诺维（Mark Granovetter）是研究人际关系网络效益方面的专家，他曾经发现了一个奇特的现象：在所有的就业渠道中，超过50%的人是通过那些一年只见一两次面的圈外朋友找到心仪工作的，只有16.7%的人是通过所谓的熟人渠道找到工作的。

根据这个现象，马克·格兰诺维提出了强关系和弱关系的概念。强关系主要是指生活圈和工作圈中的人际关系，像亲人、朋友、同事、同学都属于强关系，这些人有着共同的生活经历，思维模式和行为模式有诸多共同点。弱关系则是指生活圈以外的人，比如朋友的朋友，朋友的同学，大都是一些有过一面之缘或者根本不认识的人，在生活和工作当中，彼此之间基本处于相互隔离的状态。马克·格兰诺维强调："整天跟你混在一起的这帮人，很可能干的事跟你差不多，想法必然也很接近。如果你不知道有一个这样的工作机会，他们又怎么会知道？只有'弱联系'才有可能告诉你一些你不知道的事情。"

马克·格兰诺维认为，弱关系是很容易被忽略的优质人脉，因为弱关系本身会带来不同思维的碰撞，以及不同资源的交流。对于穷人来说，发展弱关系就是走出狭隘生活圈的第一步，也是最重要的一步，这样可以有效避免自己的思维和人脉关系被约束在自己的小圈子里。那么，低收入者该如何走出自己的圈子呢？

第一，接触不同类型的人。

在一个生活圈内，大家很容易被归类为同一类型或者相似的类型，彼此之间的沟通通常也离不开一些熟悉的话题，彼此之间的交流通常也难以产生什么思维碰撞，大家更多时候反而容易陷入一种思维定式当中。接触不同类型的人，尤其是一些高端人才和社会精英，这样有助于打造更加强大的社会关系网络，也能够拓展个人思想的广度。

第二，接触不同的工作。

对于绝大多数低收入的人而言，择业上的失误是一个硬伤，正是因为对相关工作的掌控力不足，使得多数人无法实现财富的快速积累，如果穷人想要跳出圈子，那么首先就要尝试着跳出去接触其他不同类型的工作。跳出自己的行业和岗位，人们才有更大的机会接触不同类型的人，和那些不同行业的顶尖人才接触。

第三，接触不同的知识。

著名的投资人查理·芒格多年来一直都在倡导将数学、工程学、生物学、物理学、历史学、心理学、化学、统计学、经济学、哲学、生理学等学科的思想结合起来，组成不同的思维模式。他大约总结了100种思维模式，而不同的思维模式极大地拓宽了他的眼界，提升了思考和处理问题的效率，并为他的投资提供了很大的帮助。

对于穷人来说，单一的思维往往和单一的知识结构有关，如果可以掌握更多的知识，将各种知识综合起来，形成多维的知识结构，就能从不同的角度和层面分析问题，同时把握深层次的东西。这对于个人的工作以及创业都会起到很大的引导作用。

第四，接触不同的圈子。

年收入5万元和年收入50万元的圈子肯定是不同的，即便是和其他年收入5万元的圈子相比，情况往往也是不同的。对于低收入者来说，跳出自己固有的圈子，不仅意味着认识圈外的人，还可以尝试着走进其他的圈子，去接触这个圈子里的生活、工作和思想。不同圈子的生活经历

有助于个人知识结构和生活理念的重构，也能为个人寻求其他发展的可能性提供一个契机。

需要注意的是，跳出圈子并不意味着就要彻底抛弃自己的圈子。生活环境的好坏与生活层次的高低，虽然决定了个人的视野，决定了思想的高度和广度，但个人的成长是需要过往的经历来支撑的，即便进入一个更高层次的社交圈和生活圈，人们同样需要维持原有圈子的人脉关系。

## 结交优质人脉，实现高位蓄水

2012年6月，哈佛大学商学院发表了一篇名为《友谊的代价》的论文。该论文对3510个风险投资者，以及他们在1975年到2003年间的11895个投资项目进行了考察。这些风险投资者有人选择和一些毕业于名校且能力和自己相当的人合作，而更多的人选择和朋友、同事、同学进行合作，结果当投资者和能力出众的人合作时，投资的成功率明显更高一些，而选择与熟人合作的投资者成功率普遍偏低。

对于多数人而言，人脉始终是最重要的资源之一，而优质人脉又是极其宝贵的资源。与其说人脉决定发展的高度，倒不如说谁掌握了更多的优质人脉，谁就掌握了竞争优势。一个人想要获得更多的发展机会，想要把握更好的挣钱机会，就要主动结交那些富人和潜力股，并利用这些优质人脉为自己打开发展通道。

被称为“华尔街恶魔博士”的高盛集团前CEO贝兰克梵，出生于纽约布鲁克林贫民区的一个普通工人家庭。贝兰克梵非常要强，依靠自己的努力进入华尔街的一家小企业上班，后来这家小企业被高盛集团并购。

贝兰克梵进入高盛集团后工作非常努力，有空就加强学习，提高自己的专业能力。与此同时，他非常注重和那些高层以及商界领袖打交道，有空就和他们在一起谈论投资上的事情。为了赢得公司高层的认同，贝兰克梵充分发挥了自己在业务扩展方面的才华，将高盛集团的业务推向了更广泛的领域，并因此得到了公司的重用，最终一步步被人保荐，送上了CEO的位置。

结交优质人脉，的确是穷人改变命运的一种方式，但是穷人想要进入更高层次的社交圈往往非常困难，因为突破社交层次的界限远比突破地域和种族之间的社交更加困难。低收入者想要利用高收入者的资源，想要真正突破社会层次设置的障碍，就需要表现得更加务实一些，努力提高自己的价值，或者说提升自身的利用价值。

在社交中，最常见的就是价值互换，这也是支撑高端社交的一个重要因素。简单来说，就是及时向对方展示自己的价值，告诉对方自己能够给他带来什么帮助。不过，很多穷人往往担心自己无法赢得他人的关注，认为自己缺乏更好的资源和价值，而这会影响他们的社交倾向。所以在实现价值互换之前，首先要做的就是改变思维模式，穷人要意识到自己的存在是有价值的，这些价值能被同一层次和同一生活水平的人接受，也能迎合更高层次的人的现实需求，像个人的专业技能、个人的思想、个人的资源都具备一定的价值。

比如，一个打工者如果拥有很好的工作态度和出众的工作能力，就能为老板带来更多的收益，因此他也就容易引起领导的关注。这个时候，

他与老板之间就更容易建立社交联系，他生活中的很多问题，诸如孩子的教育问题、亲戚的就业问题等，都可以借助老板这个优质人脉来解决。据说麦肯锡的员工在离职后往往可以获得公司的帮助——帮助他们在世界上最好的公司里寻找合适的职位，也可以在他们创业过程中提供必要的支持。

除了常规的价值互换之外，有时候也可以选择从外部借力，借助他人的影响力为自己铺路，借助他人的资源为自己争取更好的社交资源。一般来说，外部借力的模式和方法有多种，最常见的就是A想要结识更高层次的B，那么就委托自己的朋友C牵线搭桥，为自己创造这样的机会。还有一种比较常见的就是需求导向，比如A想要结识同样处在高层次的C，而低层次的B和C的关系比较密切，此时B想要结识A，就可以利用A的社交需求作为突破点，而A为了和C建立社交关系，也愿意将人脉资源借给B。

不知大家是否看过这个著名的段子。有个优秀的商人叫杰克，一天他参加了一个重要的聚会，他径直走到世界首富的面前，礼貌地说："我来帮你女儿介绍一个好丈夫吧！"首富微笑着摇摇头："我女儿还没有想过要嫁人呢！"杰克不慌不忙地说："这样啊，但我说的这位年轻人可是世界银行的副总裁。"首富微微一笑，开始同杰克攀谈起来。

几天之后，杰克又在一个重要晚会上见到了世界银行的总裁，他对总裁说："我想你那里应该需要一个年轻有为的副总裁，我这儿恰好有一个人选。"总裁觉得他有些失礼，但还是礼貌地拒绝："谢谢，但我们已经

有很多副总裁了。”杰克摊开双手，略表遗憾：“哦，我本打算推荐世界首富的女婿来你这里上班。”世界银行的总裁听了一愣，随即同杰克拉密谈起来。

不久，杰克就让自己的儿子迎娶了世界首富的女儿，同时还使他变成了世界银行的副总裁。

这个段子的核心在于优质人脉的搭建技巧。在这里，杰克并没有将视野局限在两个人之间的社交和价值互换上，而是创造性地把自己当成连接点，将两个优质资源之间的需求连接起来，最终打造了一个强大的人际关系网络。

对于多数人而言，优质人脉的构建离不开对个人需求与欲望的把握。只要能够迎合他人的社交需求，不断提升自身的价值，就可以寻找到更多的优质人脉。

## 脱离无效社交，提升社交深度

某公司在推广自己的社交软件时，曾提出了“二度人脉”的概念。这一概念可以解释为：一个人最直接的朋友圈属于一度人脉，而朋友的朋友、同学的朋友则构成了二度人脉。二度人脉概念的提出为QQ和微信这类社交工具的推广提供了很大的助力，人们纷纷在社交网络上拓展自己的人脉关系。可是随着时间的推移以及社交理念的变化，二度人脉渐渐被人遗忘，因为盲目的人脉扩张不仅引发了隐私泄露的问题，还直接导致个人无效社交的增加。

无效社交是一个新的概念，它的出现和网络社交密不可分，比如很多人会在网络平台上认识各种各样的人，甚至会进行各种交流，但彼此之间的关系很难更进一步，彼此之间的交流也没有实际的意义，更多时候只是在浪费时间和精力。埃默里大学和明尼苏达大学的研究人员曾经进行了一项主题为“关于人们的财富和社交情况之间的关系”的联合研究，结果表明穷人比富人更加热衷于社交活动。进一步挖掘就会发现，在无效社交方面存在一个重要的规律，那就是收入越低的人越容易陷入无效

社交的怪圈。为什么会这样呢？

首先，收入低的人希望获得更多的机会，于是会盲目地拓展人脉，但是由于缺乏明确的目的和方向，反而会在社交活动中失去自我约束。

其次，收入低的人往往将更多的时间浪费在社交平台上，他们在工作之余就会在社交软件和平台上聊天，不断刷存在感。

最后，收入低的人往往生活不那么如意，也有很多生活诉求，因此很容易借助社交平台发泄自己的情绪，或者从朋友那里寻求安慰和满足。

其实，社交是人类社会生活中不可或缺的一个组成部分，也是维系社会关系的基础，不懂社交的人往往无法融入社会，也无法获得自我展示、自我实现的机会。但是，社交不是单纯的交流感情或者单纯的问候，它往往还承载着更大的使命，那就是思想的碰撞和知识的传播。真正有价值的社交往往离不开高层次的对话，参与者会借助社交活动相互分享自己的生活经验、创业经验，分享自己的技能与理念。

试想一下，你的生活有没有受到无效社交的影响？你对生活的态度和对财富的态度有没有受到无效社交的影响？你是否也想改变这种局面？那就试着从以下几点入手吧！

首先，改变社交内容，提升社交活动的品质。

社交的内容可以很宽泛，但是如果想让自己的社交价值更大、收获更多，那就要选择一些有价值的社交内容。比如，彼此之间可以多谈论一下工作方法，分享自己的工作经验，或者听取他人的创业心得；也可以加入一些高端社群聊天，接触那些成功人士，甚至可以加入一些专业性很

强的社群和平台，为一些高价值内容付费。

其次，改变交流的方式和方法。

深度社交往往也是一种价值社交，因此如何获取价值成了社交中的一个重要内容，不过，期待从对方那儿获得有价值的信息之前，人们更应该先展示自己的价值。比如，你可以明确告诉对方“我这里有你需要的东西”“我能够满足你的需求”，只有建立在价值交换的基础上，深度社交才能顺利推进。

在交流的过程中，人们还需要注意一些交流的方式，比如彼此之间多提问题，运用问题来推动交流的深入，通过问题来挖掘彼此之间的需求。另外，还可以采取一些辩论的形式进行交流。与正常的交流相比，辩论更能促使交流双方深入挖掘相关的话题，并获取更加有价值的内容。

对社交内容和社交方式进行改变，可以提升社交的品质，不过作为社交活动的主体，社交参与者本身的定位常常也会决定社交的深度。为了推动社交活动的走向，参与者还需要在社交活动中明确自己的角色。

专家：他们是社交圈中的信息掌控者，对社交活动的展开贡献最大，并且在知识、信息、资源方面具有一定的权威性。想要打造深度社交，就要更多地同专家打交道。

节点：这类人可能无法提供有价值的信息，却能够将不同圈子以及同一圈子内不同类型的人连接在一起，就像是一个人际关系的牵线人一样。如果有人打算结交优质人脉，可以从他们身上寻求帮助。

明星：他们是社交圈里的风云人物，善于表达，具有很强的感染力和

影响力，可以吸引更多的人参与到社交活动中。

助理：助理是社交圈里提供服务的人，他们的个人能力和知识储备也许很一般，但为人热心、勤快，可以在社交圈内为其他人提供各种各样的帮助，成了构建各种人际关系的一个重要连接点。

参与社交活动的人需要了解社交圈中的各种角色，也可以依据自身的性格特点明确适合自己的角色，并以此提升自己的社交能力。

## 寻找一个优质工作平台来提升自己

谈到个人发展问题的时候，基本上会涉及两个核心概念：一个是能力，一个是选择。能力通常是个人成长和发展的基石，个人的成长空间往往是由能力决定的，但个人能力是否一定就能够创造与之匹配的财富呢？想要回答这个问题，就需要对第二个核心概念进行了解。与能力这种纯“硬件”搭配相比，选择更像是一种技巧展示，它决定了个人发展的方向，也决定了个人发展道路的好与坏。

很多人认为能力决定一切，但实际上人只有做出正确的选择才能让自己的能力得到充分施展，而一旦做出错误的选择，就会严重阻碍能力的施展。可以想象一下，如果将马云放在深圳那些工厂的生产线上，也许他和其他生产线的普通工人一样，只能挣到5000元的月薪。同样，将华为的职员调到小公司搞研发，他们的年薪可能还不到10万元。反过来说，将一个小公司的优秀工程师调往跨国公司，他的工资有可能会呈几倍、几十倍的态势增长。

为什么很多低收入者工作很努力，也具有强大的专业技能和丰富的

知识，却很难获得良好的发展机会呢？原因就在于缺少一个优质的平台，比如中国有很多出色的技工，但是大部分都待在小公司、小厂房里，由于没有优质的工作平台，他们的能力和价值便被埋没了。

如果说个人能力是成长道路上的发动机，那么平台就是一个方向盘，优质的平台拥有强大的资源，可以满足发展的需求；优质的平台拥有更大的影响力，能够提升个人的身份；优质的平台还具备催化的作用，可以激励和引导人们做得更加出色。当低收入者在努力提升自己能力，提升个人硬性指标的时候，还需要为自己选择一个更好的发展平台。

多数人的人生轨迹是这样的：出生于普通的家庭，就读于普通的学校，然后进入一家普通的公司上班，最后拿着普通的薪水度过平凡的一辈子。在这个轨迹当中，人们能够创造奇迹的机会非常少，而真正能够做出改变的环节只有教育选择和就业选择。教育平台和工作平台决定了多数人的命运，而工作平台往往还会影响个人的成长高度。

良好的发展平台一般分为两种：第一种是优质的学习平台或者工作平台，第二种是优质和高端的社交圈，也就是优质的社交平台。

对于多数人而言，进入苹果公司、华为公司或者谷歌公司，肯定要比留在小县城的工厂上班更好。这就是工作环境的选择，它直接决定了个人的能力、视野、思维层次、发展空间和人生走向。而学习平台通常包括学校、培训机构和指导者个人，也包括一些非常重要的期刊、报纸或者影视等传媒工具。在一个名不见经传的小导演手下演戏和在国际大导演的电影中担任主角，演员的成长空间绝对不可同日而语。

社交活动直接影响了个人的生活和工作层次，因此社交平台也是非常重要的平台。

以工作平台为例，人们究竟应该如何选择更好的工作平台呢？

首先要看公司的规模和资质。看看公司是不是跨国公司，是不是世界500强或者国内500强，是不是行业内的领头羊，是不是知名企业，是不是拥有庞大的市场规模和广泛的业务，是不是具备强大的市场号召力和影响力。

其次要看公司的发展潜力和成长空间。一家优秀的公司应该有一个美好的未来，即便当前的发展并不那么理想，但是只要未来的发展前景很好，成长空间很大，那么就可以成为理想的选择对象。事实上，企业的成长空间和发展潜力应该是择业者最为看重的。

最后，要看公司能够为自己提供什么样的待遇和成长空间。简单来说，就是岗位的供给情况。其实，“优质的工作平台就是找一家好公司”这种说法并不严谨，挑选一个好的岗位也很重要。比如，很多人都会遇到这样的问题。

从名校毕业的A和C，A前往一家小公司担任了中层领导，而C成了一家跨国公司的普通职员，那么A和C究竟谁的工作平台更好呢？又或者，A在大学毕业后同时接到了两家不同公司的邀请，第一家公司是世界500强，薪资丰厚；第二家公司是国内一家成立不久的小公司，公司高薪聘请A担任生产部的经理，并许诺提供更好的发展空间。那么A又该如何做出选择呢？

在小公司更有可能获得晋升的机会，但在大公司更容易拓展视野；小公司的优势在于借助权力支配更多的资源，大公司的优势在于认识更多同样出色的人；在小公司里个人的领导能力容易得到锻炼，而大公司里个人的工作技能可以得到提升。跨国公司和小公司之间的平台对比并没有高下之分，重要的是要看人们在相关环境中所能得到的资源是否可以支撑自己的发展需求。

其实，真正能够解放自己、释放自己、证明自己、提升自己的平台才是优质的平台，如果在公司里无法获得成长的机会和自我实现的机会，那就意味着自己的选择出现了问题。

## 寻找进一步成长所需要的关键因子

通常情况下，在涉及个人发展问题时，人们倾向于对当前遇到的问题进行分析，会对当前拥有的资源进行整合，会对当前的发展形势做出一个基本的判断，但是对于下一步应该怎么走往往没有头绪。比如，一个人从普通的职员晋升为部门主管，那么他的大部分注意力会停留在如何维持岗位正常运转，如何履行个人职责上。为了完成基本的工作任务和提高工作效率，他会将自己的优势和劣势逐一列出来，然后将自己的能力、社会关系、权力、机遇以及其他资源列出来进行分析，接着对照部门主管工作中所需要的能力和资源，检查自己是否可以很好地胜任这份工作。不过当他想要突破自己的环境和职位限制，成为一个经理时，就需要考虑得更加长远，需要对自己提出更高的要求和规划，而这就要求他站在一个更高的思维层面来审视自己。

在多数情况下，人们会因为环境因素的影响，只能站在现有的高度来观察自己、分析自己、审视自己。人们无法用宏观思维和全局视野来看待自己，看自己对所处的系统会产生什么影响，判断自己会以怎样的形

态发展下去。

其实，每个人都是社会上的一个节点，都会在生活圈和工作圈中扮演一个角色，想要更好地发展或者进行更高层次的规划，就需要了解它在社会中的一些重要信息。比如，这个角色在团队中起到了什么作用，是公司里的领导，还是骨干成员，或者普通员工，在生活中是否是他人的导师，是否总是起到带头的作用。又如，这个角色在团队中的发展前景如何，如何才能变得更好。通常来说，在个人的描述上，需要从整体和全局来考虑他存在的价值，并且拔高到一个更高的愿景上。

一个泥水工人所扮演的角色就是在工地搅拌水泥，负责各类建筑工事的建造，可是了解了他在团队中的角色和地位之后，就可以提出更高的要求和发展愿景——将泥水工人设定为“设计师”或者“工程师”。新的身份和角色设定可以给这个泥水工人的发展带来更多的可能性，甚至直接引导他们对自己的身份进行再定位。

不过这个再定位并不是简单的自我设定，而需要坚实的基础，个人的进化不是简单地想一想就可以的，实现进化需要针对性地提升自己。这个时候，他们就需要明确几个问题：如果没有了团队的支撑，没有了身边人的扶持，自己会变成什么，自己又该如何实现愿景中的角色定位？就目前的发展状态来说，自己需要从哪些方面进行补充和改造。

在穷人思维中，每一个人似乎都只需要对现在的自己负责，只需要看看现在自己将会遇到什么问题，而没有一个更加长远的规划和愿景。因此，在这个思维主导下，人们更在乎的是“我现在需要什么”“我应该怎样做，才能把工作做好”。这就像一个贫困中的人想的只是拥有一份稳定的工作，能够养活自己，所以对解决当前困境的各种分析倾向于：一份普通但稳定的工作，有几个可以帮忙（搬家、找工作或者照顾孩子）的朋友，有一项能够吃饱饭的技术，最好可以懂一点计算机操作。这些需求非常贴合现实需求，但即便满足了这些资源需求，这个人也无法真正改变自己的现状，他不可能因为找到一份稳定的工作就可以飞黄腾达，生存环境使得他的人生格局仅仅停留在自己生活的这个层次上，并且很难有机会突围出去。

而那些想要打破穷人思维的奋斗者，会将目光锁定在更高的目标和愿景上，他们会期待成为一个富人，一个企业家，一个投资者。为了确保实现这样的定位，他们会站在富人、企业家的那个层面上来审视当前的自己，看看自己还需要做到哪些事：是否拥有强大的自信和冒险精神，是否富有创新能力，是否拥有敏锐的商机和优质的人脉，或者其他的一些能力。

想跳出自己的圈子和层次的人，也需要站在更高的层次上思考和分析自己需要解决的问题，寻求变富的那些关键要素。

# 建立自己的高层次需求

1943年，美国心理学家亚伯拉罕·马斯洛发表了《人类激励理论》论文，将人类需求分为五个不同的层次，从低到高依次划分为：生理需求、安全需求、社交需求、尊重需求和自我实现需求。按照马斯洛的看法，人们基本都是按照从低到高的层次来满足自身的需求，安排自己的生活和工作的，只有低层次的需求得到了满足，人们才会选择追求更高层次的需求。那些得到满足了的低层次需求，通常会失去应有的激励作用。但是人们一旦停留在低层次的需求满足上，就会失去进一步追求更高层次需求的动力。

比如一个普通人初入职场，一定会想方设法满足基本的温饱问题。对他而言如何在社会上生存下去，如何让衣食住行得到基本的保障才最重要，因此寻找一份简单易上手的工作很有必要，此时在工厂里当一个小职员就可以满足这些需求。为了让自己的生活更有保障，能够有固定的收入，可以看得起病，就需要想办法进入一家正规的公司，这样不仅工作稳定，薪水不错，而且还有社保，可以说生活有了保障，安全需求得

到了满足。生活稳定之后，他有了更多的时间和精力去经营自己的感情生活，结交新的朋友，社交和情感需求便得到了满足。

这个人可能觉得这样的生活工作已经足够好了，没有必要再去追求更多，他的工作目标便停留在挣钱满足生活基本需求这个层面上。他会安于现状，过着朝九晚五的生活，每天都在岗位上重复同样的工作。也许他有过一些梦想和目标，但是已经不愿做出什么改变了，只是认真地做好上司交代的每一份工作，完成岗位要求的任务即可。长此以往，他在工作中并不会有什么太大的成就，甚至一辈子都可能停留在基层员工的层次上。

如果认真分析，会发现多数人都坚持了这样的发展道路，没有建立更高层次的需求的欲望，这也是他们无法真正变成高收入者的一个重要原因。低层次的需求往往意味着更低的欲望，意味着人们不愿做出更大的努力，于是最终会制约一个人的成长。

因此，一个人想要进入高层次的生活圈和平台，首先就要想办法突破自己的需求层次，比如追求自我实现的需求。有人说过，一个普通员工和一个优秀员工的差别在于，普通员工在工作中选择追求20%的薪水涨幅，而优秀员工则侧重于选择能够获得成长的机会。比如，公司为两个员工分别准备了两个机会，第一个机会是继续待在部门上班，负责公司里正在运作的项目，工资会提升20%；另一个机会是去外地开辟新市场和新项目，做得好还是坏并不知道。普通员工可能会选择留在部门，开开心心领着20%的涨薪。对他来说，能够多挣钱就非常满足，留在熟悉

的环境中也没什么不好。而优秀的员工会选择走出去接受挑战，相比薪水，他们可能更加在意的是把握一个自我实现的机会。在他们看来，在一个新项目中经受锻炼、接受挑战的意义，远远大于涨薪20％带来的满足感。这样的员工更容易在挑战中获得自我提升，实现自己价值最大化，他们的发展前景也会更好。

追求自我实现是所有成功者共同的特质。巴菲特一生中积累了几千亿的财富，但是仍旧孜孜不倦地进行投资，对于外界有关“守财奴”的质疑，他笑着回应说：“自己对钱并不感兴趣，只是因为热爱投资而已。”这就是顶级富豪的境界，他追求的是自我实现、自我超越的机会，更享受那种挑战自我的乐趣。

与低层级的需求相比，自我实现需求更看重个人的成长，追求自我实现的人往往有自己明确的人生规划，有主观创造的想法，有自主控制的决心，他们不满足于一份稳定的工作和收入，不满足于一个简单的保障。比如很多人会主动挑战一些需要自己一手负责的项目，一些人甚至放弃高薪去自主创业，为的就是在一个能够获得更多掌控权的平台上发挥自己的实力和潜力，提升个人的价值。

从某种意义上来说，个人的行为都是由内在需求来驱动的，需求层次越低，个人越倾向于完成任务；需求层次越高，个人的行为越倾向于挑战自我。那么，我们究竟应该如何将需求层次和自己的发展结合起来呢？

这就要弄清楚这个问题：你究竟为什么而工作？

美国心理学家米尔顿·洛克奇针对这一问题，曾经提出了13种基本

的价值观，它们分别是：

成就感：努力得到社会和他人的认同；

对美感的追求：能欣赏和追求美，并且能追求和挑战那些自认为重要且有价值的事物；

挑战：获得那种需要借助个人智力和能力来解决重大问题的机会；

健康：保障身体和心理健康，使自己能够免于焦虑、紧张和恐惧；

收入与财富：借助工作有效改变自己的财务状况；

独立性：在工作中获得更大的弹性和自由，可以掌控好自己的时间和行动；

爱、家庭以及人际关系：能够在工作中关心他人，积极分享，并协助别人解决问题；

道德感：寻求个人与组织在价值观上的和谐；

欢乐：工作可以带来更好的生活享受，能够结识更多的朋友；

权力：掌握、影响或控制他人的力量；

安全感：能够满足基本的生活需求，避免在意外事件中陷入被动；

自我成长：在指挥、知识与人生的体会上得到提升；

协助他人：认识到自己的付出对团队有帮助，而且可以让别人得到收获。

这13个价值观和马斯洛需求层次理论有很多的相似之处，不过，与马斯洛需求层次理论相比，这13个价值观可以更加直观地帮助人们建立更高的发展目标。

# 第四章

# 摆脱穷人思维，像富人一样挣钱

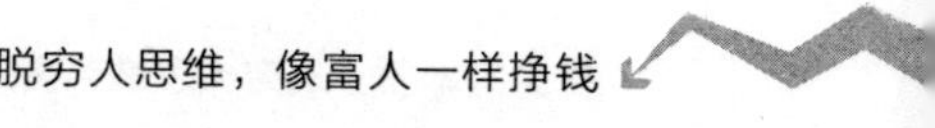

## 培养复利思维，掌握财富倍增法则

有一对兄弟发现了一个比较好的投资项目，于是各自出资5万元进行投资。投资的第一年，两个人就得到了1万元的收益，老大将分红取了出来，而老二则将分红继续作为投资的成本。到了第二年，老大又获得了1万元分红，老二则继续把分红用于投资。之后的几年时间里，老大每年都可以获得稳定的1万元分红，而老二则不断将分红用于投资。

10年以后，两兄弟将会各自获得多少钱呢？考虑到老大每年都会取出分红，因此他每一年投资的本金和分红都是固定的，10年之后的成本是5万元，分红则累积到了10万元，因此老大连本带利一共拿到了15万元，其中净收益10万元。

老二因为每一年的分红都追加为投资成本，投资成本不断增加，加上每一年20％的收益率，那么10年之后，老二连本带利拿到约为30.9587万元，即50000×1.2，扣除5万元的本金投入，净收益达到了25.9587万元。

同样是5万元的本金，同样是10年的投资时间，同样是20％的年收益，为什么老二的收益会比老大多那么多呢？

想要了解其中的奥秘，就需要明确一个概念：复利。许多人对于这个概念并不了解，或者仅仅在储蓄的时候听过这个词。其实，复利所指的就是一种利滚利的形式，基本原理就在于将每一次获得的利息纳入本金中继续投资，第二次投资的本金就包含了第一次投资的本金和获得的利息，然后第二次投资的本金和利息又会成为第三次投资的本金，以此类推。本金会越来越大，利息也会越来越高，而且时间越长，利滚利的效果越明显。

拥有穷人思维的人总是关注当下，对每一笔收益都斤斤计较，整体上非常保守。比如在一些非官方的调研报告中，大多数股民都选择了短期投资的方式，而且其中绝大部分的股民单股股票的持有时间都不会超过一年，尤其当手中持有的股票上涨时，往往就会急于脱手，或者说直接将自己投入的成本收回来。

在其他投资领域也是如此，一旦项目开始获利，投资人可能最先想到的不是项目还能挣多少钱，而是“我应该先把挣到的钱取出来”，他们觉得“落到钱包里的钱才是自己的”。正因为拥有这种想法，这类投资人的财富增长往往非常缓慢。

而拥有复利思维的人则会立足长远，利用时间轴来推动收益的成倍增加，巴菲特在这一方面是最典型的一个投资者。作为掌控着世界上最大投资公司伯克希尔的天才投资人，巴菲特多年来都站在世界财富的巅峰，并积累了几百亿美元的身家。事实上，巴菲特并不是超级富二代，也没

有一个贵人为他提供良好的发展平台。他和普通人一样，在20岁之前还是一个穷小子，还在为自己的工作发愁。到了21岁，通过一些工作积累和投资，他成功积累了2万美元的身家。在26岁时，他的个人资产上涨到了14万美元；30岁的时候，又积累到340万美元。作为一个货真价实的百万富翁，巴菲特并没有满足这样的成就，而是继续进行投资，到了37岁的时候，他的个人财产就成功突破了1000万美元；又过了6年时间，他的财产翻了几倍，变成了3400万美元。

在之后的几年时间里，巴菲特的资产虽然一直在增加，但是幅度并没有那么惊人，直到60岁以后，他才成为最顶级的富豪。在66岁的时候，巴菲特的个人资产达到了178亿美元，72岁时变成了368亿美元，83岁时增加到585亿美元，85岁时达到了608亿美元。2019年，福布斯公布了89岁的巴菲特的个人财产已经突破了800亿美元。

巴菲特之所以可以在几十年时间内以如此惊人的速度积累巨额财富，一部分原因是因为他把握住了许多优质的投资项目，像可口可乐、苹果公司、好市多、吉列、喜诗糖果都是经典手笔。而另外一部分原因就是他善于利用复利，正是因为采用了长线投资策略，使得他能够借助复利不断实现财富的倍增。从1957年到2015年，巴菲特就运用复利成功赚取了56674.73倍的钱。简单来说，如果有人在1957年交给巴菲特100元代为投资，那么到了2015年，他可以从巴菲特手中拿到566.7473万元。

复利思维是富人思维中一个最基本的思维模式，也是最具代表性的思维模式。与之相对应的单利思维就显得比较简单，拥有单利思维的人总是想着本金可以创造利息，而忽略了利息同样可以产生利息。

复利思维主要包含了两个重要因素：第一个是利息的额度，第二个是时间长度。

简单来说，利息额度越高，获得的收益也就越大。想象一下，当一个人的本金为10万元，每年利息为10%的时候，10年后的金额不过是25.9374万元。如果利息增加为50%，那么最终的金额将会变成576.6503万元。

在其他因素不变的情况下，时间越长，依靠复利积累的资本也就越大。同样，一个人的本金为10万元，利息为10%，那么5年以后，总金额会变成16.1051万元，而10年的金额则是25.9374万元，如果延长到50年，那么就变成惊人的1173.9085万元。

时间是复利发挥作用的利器，通常情况下，在锁定一个利息额度尚可的投资项目之后，时间的把握就变得至关重要。需要注意的是，这里强调的时间并不是一个绝对的时间概念，而是一种频率和周期，可以直接理解为利滚利的周期以及次数。一个人投资的本金是10万元，但每年的利息为10%与每半年的利息为10%不是同样的概念，因为利滚利的次数明显不一样，单位时间内利滚利的频率越大，次数越多，最终的收益也就越多。

## 长线投资，不迷信赚快钱

当一家业绩良好的公司上市后，公司的股价会持续上涨，从17元上涨到20元时，也许20％的人抛售了手中的股票。一个月后，当股票上涨到22元时，大概会有30％的人抛售股票。随着股市的波动，两个月之后股价下跌到21元，此时大约48％的人会果断抛售股票，最后只有2％的股民会坚持到股价上涨到25元，并且长期持有。

这几乎就是整个股市的现状，真正能够长期持有股票的人并不多，或者说真正具有长线投资思维的人并不多。在多数时候，人们都会坚持短期投资，因为短期投资的收益和风险更加容易控制。短期投资很多时候类似于投机，而且越穷的人越容易采取短期投资的策略，他们格外看重当前的利益评估，缺乏更长远的打算。宁德时代和比亚迪都是最近两年比较火爆的股票，很多人也都投资过这两家公司的股票，但真正能够从中获得高额回报的股民究竟有多少呢？究竟又有多少人会持有这些公司的股票超过1年？

证券机构每年都会对股市进行统计，几乎大多数的散户都是采用短线

投资的方式，但是在成功的投资群体中，中长线投资的数量远远超过短线投资的数量。这就解释了为什么大多数散户无法在股市中挣到钱。

在其他一些项目的投资上，短期投资也是多数人的选择。那些经济条件不好的人通常比富人更加迫切地想要在短期投资中挣钱，并且还都有着自己的考量。

耐心不足型：“我知道这个项目有机会创造更高的收益，但是等不了那么长时间。”

风险恐惧型：“这个项目也许会挣到大钱，但也可能会让我亏损更多。”

机会成本型：“我可以迅速从投资中抽身，然后寻求更好的投资项目。”

信心不足型：“长期投资需要更强的投资能力和专业知识做保障，我不行。”

与此同时，投资者认为短期投资的收益虽然少一些，但风险更加可控，而且资金的使用非常灵活，自己可以抓住转瞬即逝的机会获得不错的收益。如果说短期投资看重的是当下的盈利能力，那么长线作业看重的是未来的发展趋势和发展空间。人们如果想彻底改变自己的经济状况，想要积累更多的财富，就需要拥有长线投资思维。正是因为如此，在进行长线投资的时候，需要把握几个要点。

首先，长期投资人需要对行业的发展规律和发展状况做一个最全面的分析，了解行业从什么时候开始兴起，是否拥有继续发展的空间，是否

可以达到兴盛的状态，什么时候可能会陷入瓶颈期。不仅如此，他们还需要选择行业中最优秀的公司，这里强调的优秀不一定就是指发展的规模，而是看看这家公司的成长模式和发展势头，看它从创业之初到现阶段的发展概况，找准发展的轨迹和规律，并以此来预估其未来的成长空间。做到这一点很难，尤其是多数人无法获得最重要的市场信息，没有办法进行准确判断。但即便如此，投资人还是可以找到一些方法，比如评判一家企业是否优秀，最基本的参考点就是盈利，而且是持续盈利增长，只要这家公司在一个较长时间跨度内一直处于持续盈利状态，那么这家公司基本上就值得投资。

长线投资者需要考虑一个外在因素——通货膨胀。通货膨胀是指货币发行量超过经济发展需求而引发的物价上涨、货币贬值现象。随着经济的发展，货币几乎每年都在贬值。在一个较长时间内，这种贬值累积产生的效应非常大。比如2006年时的盒饭大约是2元钱，2016年基本上都在10~12元。2006年北京纯商品住房的房价可能每平方米只有七八千元，2016年每平方米的房价则上涨到3.5万元左右。惊人的通货膨胀率正在加速掠夺财富，低收入者在投资的时候必须考虑一个问题：“自己的投资收益是否能够赶上通货膨胀的速度？”如果10年之间，自己的收入无法追赶上财富贬值的速度，那么这笔投资就是不成功的。就像很多穷人痴迷于将钱存进银行，一年一存的模式获利最小，长期存款同样会产生亏损，因为这样的长线操作模式下获得的利息根本比不上钱贬值的速度。由此可见，寻找一个增值潜力更大的投资项目变得很有必要。

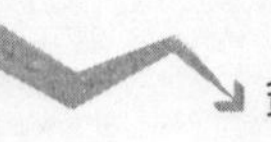



其次，要注意进行自我剖析，明确自己的能力界限，看看自己是否有能力管理好这笔投资。一个好项目如果没有好的经营管理方式同样无法产生预期的价值和效益，因此人们需要对自己的能力进行评估，看看能否胜任相关项目的投资工作。比如，看自己的资金是否充足，自己对经营和管理是否有把握，能否打造一个优秀的团队，能否应对突发事故和可能面临的风险。

此外，还需要注意的是，长期投资意味着投资人很长一段时间内不能使用这笔钱，因此在经济条件不宽裕的情况下还是要控制好投资的规模，避免自己需要花钱的时候无法调动资金。坚持长期投资和短期投资相结合的模式，确保资金不会太过紧张，对于低收入者来说非常重要。通常情况下，投资人需要对长期投资的项目制定一个合理的时间表，一般时间为7~10年。一旦自己投资的项目处在这个时间跨度之内，就要对风险较高的相关资产进行重点考虑和评估。著名的前基金经理戴维·斯坦在《我们剩下的钱》一书中就谈到了这个问题，他建议投资人可以将股息和获利作为中期目标来考虑，也就是说，每隔一段时间可以将投资分红或者股息取出来用于资金的调度，这的确是一个非常可行的方法。

# 培养借贷思维，用别人的钱生钱

2011年，北京的房价开始不断上涨，但此时的房价上涨幅度有限，上涨空间却很大，许多人开始看重北京的房产。王先生也相中了通州区的一套房子，可是高达147万的房价让他犹豫不决，更别说还有二三十万的装修款。王先生是一个“北漂”，在北京将近6年，辛辛苦苦才攒下40万元，距离全款买房相去甚远，想要买房就只能向银行贷款。

王先生觉得向银行贷款的话，30年的房贷太多，根本不划算，而且每个月的还款压力也不小，因此思考了一段时间之后，只能放弃买房。没想到，在那之后北京的房价快速上涨，到了2016年，上涨到了均价接近6万元的高价，王先生当初相中的那套房子更是涨到了650万元以上。这时王先生的个人账户上只有100万元，根本买不起房子。而他的同事当年因为借钱并贷款买房，成为房价上涨实实在在的获益者。

和买房一样，创业和投资同样会遇到资金短缺的问题，这一点对于低收入、低财商人群和高收入、高财商人群来说几乎没有什么区别，只是低收入、低财商人群会表现得更加保守一些。假设一个50万元的好项目，

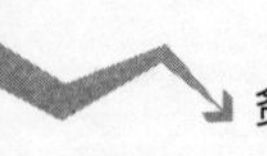


他们最多只能筹集到20万元，那么最终可能就会放弃这个项目，转而投资20万元甚至10万元的小项目。那么，高收入、高财商人群呢？他们会将这个项目扩大成500万元的大项目，然后分别在10个城市开展这样的项目。为了筹集资金，他们会从银行贷一部分款，还会从亲朋好友那儿进行融资，最终可能将它做成价值5个亿的超级项目。

他们认为借钱是最佳的投资策略之一，因为只要项目的成长空间足够大，只要经营得当，那么支付借款的利息远远低于获得的收益。世界上最成功的企业家和企业，都有借贷的记录。华人前首富李嘉诚的儿子李泽楷就非常喜欢和银行打交道，利用银行贷款做生意；埃隆·马斯克曾经一度成为世界首富，但他一直都在向银行借钱办工厂；而有些房地产公司甚至有着几千亿贷款的惊人纪录，却这并不妨碍他们越挣越多。

著名的股神巴菲特就擅长调动别人的资金投资，他创立的伯克希尔公司名下有很多保险公司，这些保险公司会暂时管理投保人缴纳的保费。这些资金除了一部分用于投保人出险时的理赔，剩下的部分就可以灵活用于投资之中，这些就是所谓的浮存金。当然，保险公司会事先和投保人达成投资协定，将投资收益进行分成。巴菲特曾经多次强调，这是一种低成本甚至是无成本的投资，可以最大化地提升资金的利用率。

假设巴菲特将500亿的浮存金用于投资，然后这笔钱获得了超过300亿的回报，而其中只需要分给投保人大约100亿的分成，剩下的200亿收入就是净收益。对于巴菲特来说，自己没有出一分钱，就得到了200亿的收入，这显然是一笔极为划算的投资。

相比之下，低收入、低财商人群对于投资的想法过于狭隘，他们认为“自己有钱就投资，缺钱少投资，没钱不投资”。正是因为如此，他们常常受困于资金问题而放弃良好的投资机会，并最终错失了大量的财富。在过去30年中，中国各大银行的借贷业务一直都在上涨，但多数借钱创业和投资的人都不是穷人。真正生活困难的人可能并不会产生借钱投资的想法，因为他们更担心自己一旦失败会产生更多的债务，穷人似乎长期处于一种“输不起”的状态。此外，他们在投资上缺乏资本运作的技巧和能力，这使得他们更愿意在资本市场保持守势，他们不敢轻易冒险，也不会去计算借贷利息和投资获利之间的关系。

穷人贫穷的主要原因也许并不是缺乏资金，而是不懂资本运作欠缺投资思维，他们应该尝试着用富人的投资思维和模式去理解资本运作的一些规律，而借贷思维是其中非常重要的一项。不过，借贷思维不仅仅是简单的借钱和贷款，也不仅仅是融资，更重要的是一种资本投资的运作，它看重的是资本在借贷行为之后所产生的价值和回报。

低收入、低财商人群在借贷的时候，应该掌握以下几个基本原则。

第一，弄清楚消费式理念和投资式理念。

借贷思维并不是盲目借钱，也不是超前消费，它不应该是一种消费理念，而是一种投资理念。从根本需求上来说，投资人需要明确自己借钱或者贷款的目的是什么。比如，买房子投资或者创业投资都是一种合理的投资理念，可以产生更高的价值回报。但是借钱购买奢侈品，购买豪华轿车，就属于消费式的借贷，这种借钱模式并不会产生额外的价值和

收益，反而会引发新的负债。

第二，平衡好成本和收益。

借贷会产生一定的利息，这笔利息对于穷人来说无疑会带来更大的负担和风险，因此在借贷产生之前，人们就需要计算好借贷利息和潜在收益。计算一下自己获得的收益是否高于借贷利息所产生的成本，如果不是，那么这笔投资就没有必要出现，要么取消借贷，要么就选择新的投资项目。

第三，不要等到没钱的时候才想借钱。

借贷思维的本质是创造一种钱生钱的模式，它强调的是对外来资本的利用，而不是强调资金的补充。很多人总是想，等自己没钱的时候去借钱投资，这样往往会影响投资规模的扩大。假设拥有一笔100万元的流动资金，那么是否意味着就要在不发生借贷的情况下投资一个100万元的优质项目呢？聪明的人会继续借钱，他可以选择同时投资两个这样规模的项目，每一个都出资50万元，然后就这两个项目分别从银行贷款50万元。对于真正的投资者来说，只要将借贷风险控制在一个合理的区间，那么就会不断借钱创造新的财富增长点。

第四，控制好借贷风险。

对于那些顶级的投资者来说，对于资本的控制往往是多多益善；但是对任何人来说，借贷规模都有一个界限，需要依据个人能力、投资需求、投资收益、借贷成本的不同而有所差异。如果人们盲目寻求外部资金来源，而忽略了自身对资本的操控能力，就可能会存在一些不可控的风险。

比如，让一个有能力运作1000万元资金的投资者去借10个亿的资金来投资，可能会导致投资失控。

借贷思维其实就是个人对资本的一种巧妙操控，通过相应的手段实现资本的效益最大化，最终的目的是实现财富和价值的增加。如果没有资本运作的能力和手段，那么借贷反而会让自己成为背负债务并被资本控制的人。

## 少用不是多赚，丰富自己的资产组合

经济不宽裕的人总是想通过节约来积累资产，但节约并不是一个优质的方案，还往往会让人陷入越节约越贫穷的境地。2021年4月6日，国务院新闻办公室发布了《人类减贫的中国实践》白皮书，结果显示2020年我国贫困地区农村居民人均可支配收入为12588元。同过去相比，贫困地区的农村居民人均可支配收入一直都在增加，但对于多数经济条件不好的家庭而言，生活压力依然很大，很多人实际上仍旧处于节约开支的状态，他们的消费水平远远低于平均水平。

即便是一些普通家庭，在物价不断上涨的环境下，也开始想办法节衣缩食，很多买房买车、结婚生子的人，往往会在个人支出和家庭支出方面进行节流：减少外出聚餐和看电影的次数，减少外出旅游的次数，降低外出旅游的档次，减少购物次数，尤其是减少购买昂贵商品的次数。当个人的经济压力增加时，人们通常想到的就是节省自己的开支，但节约开支并没有从根本上改善自己的生活。

2020年4月公布的第一季度全国居民人均消费水平比上年同期下降

了8.2%，如果扣除价格因素，实际已经下降了12.5%。由于疫情的影响，很多人的收入受到了影响，节流成了最常见的一种资产配置方式，可是多数节约的人还是觉得压力重重。

可是那些真正能够抵御家庭经济压力和风险的人，并没有将全部精力放在如何节约开支上，而是更加专注于如何拓展挣钱渠道。他们认为，节流虽然在很多时候可以节约资金，但它并不能真正创造财富。事实上，单一的资产配置往往才是导致贫困一直都在持续的重要原因，尤其是当人们缺乏足够的魄力和资本进行替换的时候，单一资产更容易成为一个拖累。

许多普通上班族已经在自己的本职工作上浸淫十年，一直没有突破事业瓶颈，但在考虑更换工作的成本、风险和效益之后，多数人会选择在原岗位上继续做。丰富资产配置的策略其实最适合这类人，即在保持原有工作不变的情况下，适当增加新的投资，增加自己的副业，从而组成一个较为合理的资产组合，从而提升自己的收入。

不过，打造一个合理的、稳健的、高效的资产组合，并不简简单单就是增加副业，它更看重的是在打造一个收入稳定且多元化的资产体系时，加入更多保障性的因素来平衡家庭的收入和风险。美国普尔公司曾经对十万个收入比较稳定且资产稳步增长的家庭进行调研，发现这些家庭的资产配置非常合理，基本上符合资产组合的“4321原则”。所谓“4321原则”，是指资产配配置的时候，选择将40%的资产用于投资，30%用于生活开支，20%用于储蓄备用，10%用来购买保险。为了确保资产处于

一个恒定的比例上，当某类资产开始上涨或者减少的时候，就需要适当减少或增加，并平均分配在其他资产配置上。

其中，40％的投资一般包含了股票、基金、外汇等较高收益的资产，也可以是一些实业上的投资，比如投资酒店、工厂以及互联网产品。对一般的投资者和家庭而言，一定要确保投资的合理性与安全性，最好投资自己比较熟悉和了解的项目。

30％的生活开支是指日常的开销，包括房贷、车贷、教育支出、手机话费、吃穿用度，这些基本的生活开销都需要一定的资产来支配。如果在这一方面的资产配置不足，那么就容易引起生活质量的下降。

20％的储蓄备用一般分为活期存款和定期存款，其中活期存款比较常见，因为储蓄备用的资产主要是用于一些临时所需的开销，并且用来应对一些意外状况。比如，家里需要购买大件产品，需要看病，或者出现了一些意外，这个时候就需要一些灵活的、可以及时变现和使用的资产，而储蓄备用无疑是最稳妥的选择。

10％的投保险一般是预防家庭收入者出现意外状况时面临经济紧张的局面，它的主要作用就是在投资人遭遇意外时提供一定的补偿，确保自己的经济不会承受太大的负担。比如很多投资人可能会面临失业，而失业险就可以保障基本的生活开支；一些投资人如果患上了严重的疾病，医疗保险就可以帮助他们负担大部分的医药费。

对于个人或者家庭而言，“4321原则”是一个比较合理的资产配置模式，它兼顾了资产增加、资产稳定、风险控制、灵活使用等诸多特点。

这个原则侧重于比例上的合理配置，具有普遍的适用性。

在这个资产配置原则中，投资是一个重要的内容，而这也是低收入人群比较缺乏的。事实上，大多数低收入人群都不善于投资，最主要的问题表现在不喜欢投资、投资单一、投资盲目等几个方面，而这些都或多或少地影响了资产组合的合理性。投资是家庭开源的基本方式，如果投资不合理，那么就会直接导致财富增长陷入停滞，还会引发“节流不开源”的资产配置怪圈。

不过，投资也不是越多越好，一定要严格审核投资项目，重点考虑资产组合与财富增值安全性的问题，确保项目的投资回报和风险达到一个基本的平衡。此外，对于投资类资产的配置要注重多样化和互补性，而且在投资的过程中，一定要尽量确保各类资产之间的关联性比较弱。因为关联性越弱的资产，在组合过程中越不容易相互影响，整体的组合也更为稳定和安全，像证券投资、实业投资、互联网投资就是不错的投资组合。

此外，资产组合的任何一种形式都必须与家庭或个人的经济状况相符，没有必要完全照搬“4321法则”，也没有必要完全遵守富人的资产配置模式，一切都要以不影响家庭正常运转为前提。对于低收入人群来说，可选择的资产组合并不多，资产组合的种类也无法得到有效保障，但是能够做到健康正常运转就行。

## 懂得让别人赚差价，拓展营收渠道

在很多人的观念中，做生意似乎就是一个零和博弈（一方赢多少，另一方就亏多少），一方多挣，另一方必然会少挣。正是因为这样的观念，导致很多人在交易中常常表现出“侵略性”，如果有10分的钱可以赚，他们绝对不会只赚走8分。为了确保利润最大化，他们通常不愿意让利给他人，而是尽可能从对方那儿抢夺利益。

其实，人们不一定非要和别人抢蛋糕吃，可以一起将蛋糕做大，这样大家不用争抢也都可以吃饱。很多时候，即便是两个人之间的交易也可以形成双赢的局面，这也是交易的最理想状态。比如，农民作为粮食和水果的直接种植者往往获益最小，而那些贩卖水果的批发商却可以挣很多钱。这是为什么呢？因为农民习惯于直接将产品卖给顾客，这种销售模式有助于保障单位产品利润最大化，但是销量非常有限；而批发商则善于利用经销商和小贩拓展销路，尽管经销商和小贩会赚取不少差价，但是他们可以最大限度拓展销路，从而提升销售的量。

低财商者之所以难以将产品卖出更大的销量，就是因为思维过于狭

隘，没有让利给他人的习惯。而高财商者通常会建立一个比较完善的分级销售系统，通过让出差价来博取更大的销量。

假设销售员A一年最多可以卖掉200件商品，净收益是50万元，每卖出一件产品就获利2500元。如果A发展两个帮手B和C，A负责提供商品，由B和C去跑市场，双方约定利润对半分。这个时候，B和C会动用自己的关系卖商品，每人每年卖出去250件商品的话，那么A的营收就是（250+250）×2500/2=625000元。通过让利给帮手，A的营收反而增加了不少。

如果A打算继续扩展营销团队的规模，可以让B和C继续发展下线。这个时候，A可以改变销售模式，规定团队每卖出一件商品，自己只取走1000元的利润，但是B和C必须确保每年要卖出至少1000件商品。接下来B和C做了规划，他们为了吸引下线，承诺每卖出一件产品只从仅剩的1500元利润中抽走800元，其余的700元利润归下线所有。这些下线在发展自己的营销团队时，又会从700元中抽成400元，剩下的交给下一级的营销人员。经过层层分销，整个营销团队一共卖出了1500件商品，A共获利1000×1500=1500000元，B和C分别获利800×1500/2=600000元。在让利给下线的营销模式中，大家都挣到了比原来更多的钱。

穷人思维的局限性在于他们始终认为市场是一成不变的，资源是不可增加的，所有从事同类工作的人都是竞争对手，是天然的利益抢夺者。这种狭隘的思维使得他们经常表现出强烈的竞争意识，而缺乏合作精神，

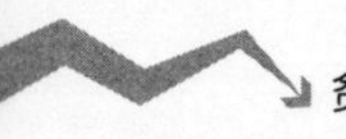



所以他们更多时候会陷入“我的利益需要从别人那儿抢”的意识中，不会产生丝毫让利给别人的想法。

单位产品的总利润是不变的，一个人多拿的话，另一个人必定会少拿，但市场经济或者说市场是可以不断扩容的。让利或者出让差价的行为就是一种以价换量的模式，通过让利来吸引更多的合作者，提高他们合作的积极性，从而有效拓展营收渠道。从资源的角度来分析，一个人的力量始终是有限的，他所能面对的顾客也非常有限，而让利合作则能够拉到更多的资源帮忙开拓市场，从而实现合作共赢。

对于任何一个市场参与者来说，想要确保自己获得最大的收益，就需要建立起更合理、更有格局的思维：

——市场不是固定不变的，它可以不断做大，良性的发展环境与完善的竞争合作机制，可以确保每个参与者都可以收获做大市场后带来的发展红利。

——市场上的竞争对手也可以出现正和博弈（博弈各方实现共赢）的情况，没有必要斤斤计较。

——任何行业都有自己的规则，没有人可以吃独食，只有让利给其他竞争对手，行业的运行和发展才会健康，破坏规则的人迟早会被行业淘汰。

——任何一个交易环节都能够产生价值回报，也需要产生相应的价值回报，控制好一个度就可以实现良性运转。

——单位产品的利益最大化并不是最重要的，在单位产品的利润和

销量之间实现完美平衡，才能实现最终的利益最大化。

——这个世界追求的是合作共赢，寻找到更多的合作者，也就意味着掌握更多的资源和市场，而这就是发展的一个基本前提。

——做人要有大格局，要看得更加长远一些，不要只关注眼前的利益，必要的时候，应该适当牺牲一点当前的利益，为长远的发展奠定基础。

现代商业社会不再是简单的物物交换，也不再是单一的生产者和消费者之间的直接交易模式，更多的中间环节加入生产和销售流程当中，更多的中间商加入营销体系当中，从而丰富和完善了整个商业体系。盲目摒弃中间商或者消除差价的行为，往往会起到反作用，导致生意版图越做越小。

## 借助概率学，找出预期价值最高的决策

从某种意义上来说，每一个决策就像是一次押注。普通人通常会看重概率，如果一件事情做成功的概率要比遭遇失败的概率大，他们可能就会去做这件事；反之，他们通常就会打消去做这件事的念头。他们对待投资，也是如此。

从概率学的角度来分析，这样做似乎没有错，他们似乎非常了解概率在决策中所起到的作用，毕竟它符合科学决策的原则。既然如此，为什么很多普通人很难在那些看起来很有保障的大概率事件中获利太多，而富人却经常在一些小概率事件上把握住发展的机会？为什么很多富人看起来是铤而走险做一些高风险的事情，可是最后往往能获得丰厚的回报呢？

想要了解其中的缘由，就需要对普通人和富人之间的决策模式进行分析。对普通人来说，概率往往决定了决策的方向，概率越大，机会也就越大；概率越小，机会也就越小。而在富人眼中，概率和决策之间的关系并不仅仅停留在百分比的数字层面上，押对或者押错固然有概率上的差别，但从收益的角度来说，押对的收益和押错的收益并不受到概率的影响。

从决策收益的角度来说，在决策中押对的行为会产生相应的奖励，押错则会带来损失和惩罚。富人在分析和处理这一层关系的时候，会将其同概率结合起来考量，争取做出具有正向的预期价值决策。那么什么是预期价值？它是指每种可能结果的概率乘以每种结果的价值之和。著名的桥水基金的创始人达利欧曾经在《原则》这本书中对预期价值做过一个完整的计算方法：

预期价值＝押对的概率 × 押对的奖励－押错的概率 × 押错的惩罚

假设某一项需要花费50万元的投资，成功的概率只有20%，而获得的回报（纯利润）是500万元，那么预期价值就等于500 × 20%-50 × 80%=60万元。

虽然这项投资的概率很低，但是由于潜在的回报率极高，对于那些富人来说，这样的冒险是非常值得的，可以说他们的冒险精神就是建立在对预期价值的计算基础上的。反过来说，如果让普通人花费50万投资一项有可能挣到500万元但成功概率仅仅为20%的项目，多数人都会打退堂鼓，他们认为根本不值得冒这样的险。

当普通人还在纠结概率大小问题而错过投资良机的时候，富人往往已经通过预期价值实现了科学的决策，做到了富贵险中求。相比于普通人那种只关注简单的概率计算和分析模式，富人往往要表现得更加理性一些，虽然他们看起来经常会做一些有风险的事情，但其实这些事情都经过了科学的分析和论证。

利用概率学计算预期价值是很多顶级企业家、商人和投资者的常用方法，除了对某一项决策进行计算和分析之外，他们还经常会在不同类型的项目决策中找出预期价值最高的那一项。

假设一件事情成功的概率只有30%，而获得的回报（纯利润）是2000元；失败后的损失为500元，那么预期价值就等于2000×30%-500×70%=250元。

假设第二件事情成功的概率为60%，但回报只有3000元；而一旦遭遇失败，将会损失4000元，那么做这件事的预期价值就是3000×60%-4000×40%=200元。

假设第三件事成功的概率为55%，潜在回报是4500元；失败后的损失大约是5000元，那么其预期价值就是4500×55%-5000×45%=225元。

按照常规思维，也许多数人会选择做第二件事，因为成功的概率更高，但是通过对比就会发现，做第一件事的预期价值比做其他事情的预期价值更高一些，因此决定做第一件事才是最合理的选择。

预期价值的计算和分析模式在生活中的应用范围其实很广，比如为什么交警总是告诫人们不要闯红灯，虽然闯红灯失败的概率并不大，但惩罚却非常大——一旦失败可能意味着生命的终结——这样的惩罚是谁也无法承受的。又如，缴纳人身保险。许多人不喜欢购买保险，他们觉

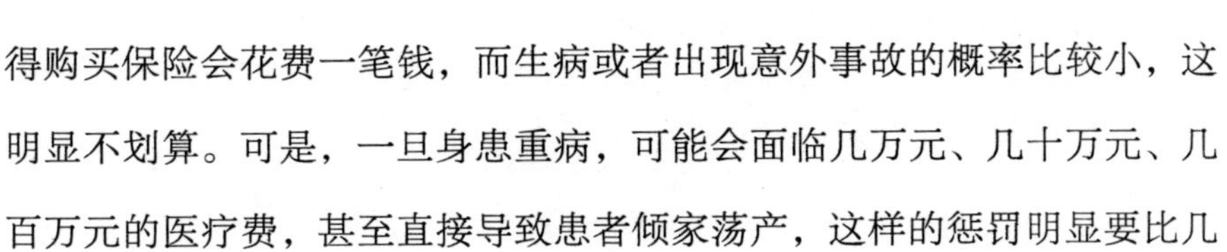

得购买保险会花费一笔钱，而生病或者出现意外事故的概率比较小，这明显不划算。可是，一旦身患重病，可能会面临几万元、几十万元、几百万元的医疗费，甚至直接导致患者倾家荡产，这样的惩罚明显要比几千元的保险投入高得多。

在资产配置和家庭投资方面，计算预期价值就显得更加重要，无论是投资、工作选择还是创业，其实都离不开预期价值的应用。比如在面对创业还是上班这个老话题时，很多人都犹豫不决，在面对一份稳定的收入和工资时，很少有人能放弃一切去创业。然而，如果用预期价值来分析，情况可能会有所不同。

通常情况下，留在公司里上班的收益更加稳定，而且被公司裁员或者遇到公司倒闭的概率并不大，也许只有10％的概率会失去那份工作。自主创业和投资的风险虽然比上班要大一些，一些项目的失败概率可能会超过50％，但是潜在的收益很大，也许回报会是成本投入的几十倍、几百倍之多。另外，创业成功的概率往往和失败经验的积累有关，当失败次数增加之后，成功的概率也会不断增加。一些优秀的创业项目，其预期价值可能会远远高于上班的预期价值。因此，人们不要总是将目光停留在上班的稳定性上，也许尝试一些风险性的创业和投资，会给生活带来实质性的改变。

总之，人们对于风险的预测不应该仅仅停留在概率大小层面上，积极挖掘概率背后的收益和损失才是作出合理决策的关键。预期价值很可观，就可以试着挑战那些风险高的项目。

# 第五章

# 打造良好的行为模式，变富从习惯做起

## 拒绝浪费时间，把握关键因子

有人曾经对一个人一生的时间安排进行总结："每天睡觉8小时，那么40年将花费13.3年的时间；一日三餐将花费2.5小时，那么40年将花费4.2年的时间；每天的交通上要消耗1.5小时，40年的时间将花费2.5年；每天打电话花费1小时，40年的时间里会用掉1.7年；每天看电视和上网花费3小时，40年花费5年；同样的，40年来花费的看报和聊天将会花费5年时间；刷牙、洗脸和洗澡会花费1.7年；休假、身体不适、情绪不佳会花费3.3年。"

如果认真进行计算，就会发现，人们一生中所能掌控的工作时间非常少，即便加上了那些不必要的时间消耗，能够用来创造财富的时间也不多。因此，如何最大化地利用所剩无几的时间，提升时间利用的效率至关重要，这直接决定了人们所能创造的财富和价值。这里强调的效率并不是简单地提升工作的速度，其核心在于如何让单位时间内创造的价值最大化，而这是个人创造财富和积累财富的一个重要保障。

比如同样是创业者，甲在一天中的工作安排包含了几个重要的事项：

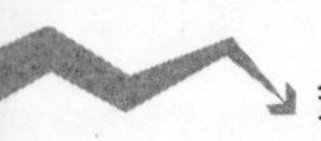



召开高层会议，听取重要客户的反馈意见，监督企业内部新技术的研发，分析内部的市场调研报告。而乙每一天的工作行程被安排得很满，召开会议、整理文档、听取下属的报告、检查机器的运作情况、打印文件、编写工作章程、清理办公室、制作表格和PPT，几乎大小事务都要兼顾。

对比甲和乙两个人，在其他资源和条件相当的情况下，他们的事业和收入可能会出现较大的差距：甲在一天的时间内，基本上把握住了所有的重点，有机会创造几千元的财富；而乙将大量时间浪费在了没多少价值的小事情上，可能勉强只有几百元的收入。

生活中像乙这样的人很多，他们总是很忙也很努力，几乎将全部的时间和精力都放在了工作当中，可是并没有创造多少价值。这并不是运气不好，也并不是能力不够，而是个人对时间的掌控和利用存在问题。在一个工作体系或者项目中，存在不同的事项和环节，而不同事项和环节的价值是不一样的，某些重要事项的价值是10分，有些不太重要的事项价值是8分，有的也许只有1分。想要提升工作的质量，并从中获得更多的价值，那么最好抓住分值较高的重要事项。

在华尔街，那些最顶级的基金经理每年都可以挣上千万美元，甚至挣数亿美元，而普通的基金经理可能只有几十万美元的收入，很多人甚至比不上普通的上班族。两者之间的差距如此大，就是因为顶级基金经理会牢牢把握少数几位大客户，他们会挖掘那些最有价值的大客户，为这些客户制定最合理的投资方案。而普通的基金经理可能会搜集所有客户的资料，会专注于服务所有客户，而且每一件小事都不放过，将时间和

精力大量消耗在那些无足轻重的客户身上，使得他们无法集中力量去拉拢那些真正能够带来巨额回报的大客户。

麦肯锡公司在给客户做管理咨询的时候，经常提到一个词：关键驱动因素。麦肯锡的顾问一直都会给客户强调一个重要的规律，那就是任何一件事在发展过程中都受到多重因素的影响，但一定会有一个关键因素起推动作用。这个关键因素是事物顺畅运作的保障，直接决定了事物的本质和发展规律，对事物发展的模式也有决定性影响。把握关键事件以及关键事件的驱动因素，可以帮助人们更快地解决问题，并获得更大的收益。

因此，人们需要积极改变自己的工作模式，将时间、精力、资源集中在少数最重要的工作上，专注于解决那些最重要的问题，专注于那些最重要的环节和因素。而想要真正掌握好重点，获得把握关键因素的能力，可以从以下几个方面入手。

首先，给所有的事情划分等级。著名管理学家史蒂芬·柯维提出了时间四象限法，将个人事务按照轻重关系划分为四个象限，第一象限属于重要且紧急的事项，这类事情往往需要立即解决；第二象限属于重要但不紧急的事情，这类事情可以适当缓一缓去解决；第三象限属于紧急但不重要的事情，如果没有多余的时间，那么这类事情通常没有必要立即去做；第四象限属于既不紧急也不重要的事，通常都是一些没有价值的小事，根本没有必要理会。一般情况下，人们需要重点关注第一象限和第二象限的事情。

在获取财富的时候，人们需要对自己所做的工作进行仔细划分，选出投资收益最大的项目，因为只要把握住少数几个具有增值潜力的投资项目，用心经营少数几个收益大的项目，就可以确保投资收益的最大化。

其次，在纸上列出影响工作和投资的全部因素，尽可能做到没有较大的疏漏，然后对所有因素经过层层筛选，找出那些关键事件和关键因素，看看相关的投资项目最需要什么，又是怎样来推动项目创收的。比如有的工作和投资项目，最看重优质人脉，有的最需要强大的技术，有的则迫切地需要资本。无论如何，找到最能够影响投资走向的因子，投资的成功率也就得到了提高。

除了以上两个方法之外，人们还需要及时调整心态，不要被负面情绪困扰。美国经济学教授塞德希尔·穆来纳森曾经提出了一个特殊的概念：稀缺头脑模式。按照他的说法，当人们长期缺钱、缺时间，或者信息匮乏时，对于这些资源的渴求和追逐会变得非常强烈，并逐渐垄断自身的注意力。而此时，他们往往会变得无比焦虑，导致身边那些更为重要的东西被忽略，从而容易出现误判。这就解释了为什么很多穷人会陷入“越穷越忙，越忙越穷”的怪圈当中，因为他们会在焦虑中失去对重心的判断和把握。同那些富人相比，穷人或许更加需要保持一个乐观心态。

## 坚持抱团取暖的合作策略

2021年1月，一只名为GME的股票遭到了著名的沽空机构香橼研究的针对。香橼研究宣扬GME是一只垃圾股，根本不值得入手，该机构还直接在网络上表示这只股票顶多值20美元，并放言要做空它。

这个消息引起红迪网（Reddit）论坛上的神秘组织“华尔街赌场”（Wall Stress Bets，WSB）的不满，于是他们不仅自己购买GME的股票，还鼓励更多年轻人入手。而GME是一家游戏公司，在疫情期间受到了很多年轻人的青睐，这一次，大量年轻人和炒股的散户纷纷加入“华尔街赌场”的队伍当中，股价从最初的3美元不断上涨。

就这样，由散户组成的敢死队和“华尔街赌场”一起硬扛到底，大幅度拉升股价，坚决不给对方机会。到了2021年1月22日，GME在开盘后股价继续大涨，3天时间内就从40美元上涨到330美元，很多散户几乎一夜暴富，而香橼机构损失惨重，参与做空的梅尔文资本（Melvin Capital）基金同样损失了一大笔资金。若不是证券交易平台和美国政府的干预，华尔街的做空巨头们将会输得更加彻底。

事实上，散户多年来始终处于弱势地位，无论从技术操作还是资本规模来说，根本没有能力和做空机构这样的大庄家对抗，因此一直都是被收割的对象。但是当这些散户团结在一起的时候，就能够形成巨大的能量，从而帮助自己创造更大的财富。

这是一次典型的散户抱团取暖现象，它的成功为穷人或者弱者在追求财富时提供了一种策略。在二八法则和马太效应的作用下，资源会向社会精英与富人阶层倾斜，富人阶层在创业和投资方面无疑具有很大的优势，而穷人依靠现有的人脉、资金、技术，无法对抗富人，更加无法在竞争中获得优势。个体上的不足就需要通过寻求合作的方式来弥补，只有彼此之间结成一个强大的团队，形成有效的资源互补和实力的增加，才能有效提升对抗富人的概率。

类似的现象在生意场上比较常见，由于竞争实力悬殊，很多弱势的小企业家、小商人在面对强大对手的时候，会考虑结成一个联盟。比如2004年，中国开始全面开放零售业市场，很多中外大超市和零售巨头开始在各个层级的城市抢夺市场，这对于小城市的一些中小企业而言是巨大的灾难。由于规模很小，多数小型的零售企业根本无法与强大的对手进行对抗，纷纷面临被市场淘汰的危险。在这个时候，各个中小企业的企业家选择结盟，成立了中小超市采购联盟，这些采购联盟通常由几家或者十几家中小超市组成，各家出资几万到几十万元不等，各家公司的股东轮流担任执行董事。这些联盟一般推行集中订单、分开配送、各自结算的运作模式，大家联合采购，积极优化供应链，降低采购成本，同

时互换各自的优势产品，开发自有品牌，推动联盟的发展。事实表明，这些结盟的企业可以在采购方面降低10%的成本，而产品则更加丰富，因此也有了更大的资本和优势对抗零售巨头。

然而，在大多数情况下，弱势群体仍旧保持单兵作战的方式，仍旧不习惯于合作，不习惯于结盟。这是为什么呢？一方面是因为他们缺乏这方面的意识，觉得创业或者投资是自己个人的事情，没有必要牵涉到其他人。另一方面他们担心一些心存私心的人会趁机侵吞自己的利益，担心联盟内部的分配机制不合理，担心自己会丧失经营的主动权和自主权。这种担忧也不无道理，弱势群体之间的团结协作效果往往很差，因为每一个弱势者都会意识到一个问题，自己从强大的对手那儿获取利益很困难，但从弱者那里入手就简单多了。

面对这样的现实，低收入者和弱势群体想要把握住更多的发展机会和致富机会，会变得非常困难，更加积极的改变势在必行。

首先，培养合作抱团的意识，尤其是在一些行业不景气、竞争激烈，而自身实力薄弱的情况下，尽快寻找合适的合作伙伴变得至关重要。人们需要抛弃那种狭隘的博弈思维，将目光放得更长远一些，争取从富人阶层抢夺资源，而不是在资源有限的穷人圈子里相互竞争。

其次，要积极寻求合适的伙伴，确保彼此之间可以实现资源互补，可以实现相互提升。比如，有的人擅长营销，有的人擅长生产和制造，有的人擅长管理，不同的人可以依据自身的需求寻找合适的合作对象。此外，合作对象的人格和影响力也是重要的参考标准。

再者，要打造一个合理、公正的合作体系，参与合作和结盟的各方要制定相应的规则和制度，并要求各方要严格遵守。比如，联盟内部可以设定一个领袖，但没有人可以搞特殊，所有的行动必须得到各方的同意才能进行；参与合作的各方可以轮流领导内部的业务拓展和项目开发；收益的分配要遵循公平原则，大家按照出资比例和贡献大小进行分配；参与合作的各方进行资源分享，信息分享。

最后，在进行合作或者结成联盟的时候，任何参与者都要明白一点，这种合作是暂时的，并不是一个长远的发展模式，因此需要保持必要的独立性。参与者要懂得有所保留，在一些核心技术和机密内容的保护上一定要做到位，防止合作解除之后，相关的重要信息泄露出去。

总之，当人们处于弱势地位且缺乏竞争力的时候，可以选择在一个合适的时机，与合适的人在合适的项目上进行合作，只不过彼此之间一定要建立合理的机制，确保所有参与者在提升竞争力的同时，能够保障自身利益不会受到损害。

# 拒绝拖延，立即采取行动

周末的早上，当闹铃催促你起床工作时，你可能会对书桌上的文件感到心烦，并且会对自己说“下午再做也不晚”。中午吃完饭后，朋友打来电话邀请你一同去钓鱼，你意识到自己的工作没有完成，但这时有个声音提醒自己：“周末本来就是休息的，何况今天天气那么好，非常适合钓鱼，工作晚上做也不迟。”到了晚上，你躺在床上看手机，提醒自己玩20分钟后便开始工作。可是忙碌一天之后，你开始昏昏欲睡，只好不断安慰自己：“先睡觉，工作留到明天去做。”

到了第二天早上，你花了两分钟去思考这个方案，可是毫无头绪，只好接着往后推。等到两天之后，你已经失去了继续下去的兴趣，这个看起来非常好的方案就此被无限搁置，而你的公司也失去了一个拓展业务的好机会。

也许你会抱怨自己有能力、有才华，为什么无法像他人一样获得幸运女神的青睐。可是回头细想一下，你是不是经常像上文那样习惯性地将事情往后推，并因此错过了不少好的机会？

心理学家弗洛伊德说每个人的心里都住着马和骑手，马代表了人类最原始的冲动和激情，而骑手则代表了人类内心深处的理性思维。在马的操控下，人的所有行为都是直白的、原始的、冲动的，想做什么就会立即去做，完全依据自己的喜怒哀乐行事。在骑手的操控下，人类能对事物或问题进行观察、比较、分析、综合与概括，并按照事物发展的特定规律来展开活动，所以会千方百计约束人的行为。

当人们遇到一些不愿意去做的事情，或者遇到烦心的事情时，骑手通常会站出来维持秩序，提醒大脑要保持冷静和理性，认真进行分析和研究，找到解决问题的方法。可是马也会跳出来干扰骑手的行动，告诫大脑："别做这些事了，干脆先坐下来喝一杯咖啡，或者出去好好放松一下。"

同样，当人们遭遇一些困难或者处理比较复杂的问题时，骑手会非常耐心地帮助大脑制定合理的解决方案，但马还是会跑出来进行干扰。它反复提醒大脑，不要做一些无谓的挣扎，太难处理的事情不妨丢在一边，先做一些简单的事情。

很多人会被心里的那匹马蛊惑和控制，轻易就对那些需要立即处理的事情产生拖延心理。可是，机会稍纵即逝，习惯性拖延只会将创造财富的机会拱手让人。

商场如战场，企业的发展更是如此，那些习惯拖延的企业通常都会惨遭淘汰。诺基亚在安卓系统逐渐成熟时，一直犹豫不决，最终错失了赚钱的良机，迅速被手机市场淘汰出局。在5G技术最早被提出来的时候，

很多公司都制定了发展5G技术的规划，但是多数公司最终都认为5G技术的出现还很遥远，没必要急于一时，因此将规划束之高阁，而华为公司却立即成了专业研发团队，耗费巨资着手新技术的研发，最终抢占了5G技术的高地。

可以说，拖延症是阻碍个人进步和发展的巨大阻力，也是影响低收入者寻求成长机会的障碍。人们想要更好地把握机会，那么必须改变拖延的不良习惯，重新建立起正确的行为模式。

首先，制定一个明确的经济目标和发展目标，告诉自己需要做什么，需要实现什么目标，并且设定一个期限。如果打算开一家餐饮店，那么就要明确地告诉自己，要在3年时间内将年营业额做到200万元。有了明确的目标，才会产生强大的推动力，如果只是笼统地告诉自己一定要将餐饮店做好，那么通常就容易产生拖延心理。

其次，想办法克服困难，并迈出第一步。一旦开始落实一个项目，或者执行一个任务，那么事情就会变得很容易继续下去，因为依据蔡格尼克记忆效应，当人们展开某项工作之后，即便自己中间停止了工作，原有的记忆也会反复提醒自己将事情完成。因此，如果有人打定主意去实施自己的开店计划，那么一定要克服困难，先迈出第一步，投入大量的时间和资源把店铺选好、装修好，那么接下来的事情也就顺理成章了。

再者，可以许诺给自己一些及时的奖励，并确保自己每完成一个步骤或者实现一个阶段的目标，都可以立即获得这些奖励。周末加班的人顺利完成了自己的工作，就要毫不吝啬地给自己买些好吃的，或者买一些心仪的化妆品以及衣服。

最后，要重塑时间观念，做好时间管理。比如，可以使用管理学家弗朗西斯科·西里洛发明的番茄工作法，即选定一天要完成的任务，然后设置一个或者多个番茄时间，在一个为期25分钟的番茄时间内，工作者要专注在自己的工作上，不要被其他事情干扰。直到25分钟后番茄钟响起，就可以在纸上画一个×。休息5分钟之后接着工作。然后在每一个番茄时间结束时，重新休息。一般来说，工作者可以在每4个番茄时段休息25分钟。番茄工作法实际上可以帮助工作者更好地管理工作时间，防止自己被其他事情干扰，同时推动自己去做应该做的事情。

抑制拖延症的方法有很多，但无论是哪一种方法，都是为了帮助骑手抢夺大脑的控制权。就像社会学家库尔特·卢因提到的“力量分析”一样，每个人身上都具备阻力和动力这两种力量，当阻力超过动力的时候，就会产生拖延、迟疑、放弃的行为，而人们要做的就是强化动力的作用，使其能够压制阻力，产生正面的积极的推动作用，帮助自己在追寻财富的道路上迈出坚实的步伐。

# 发散思维，通过多个角度分析问题

某公司推出了一项特殊的奖励，给获奖者分别提供了两个选择，其中一个选择是宝箱中装满的10万元现金，只要选择这个选项，就可以领走10万元。另一个选择就是在两个宝箱中选择一个箱子并打开，两个宝箱中有一个是空的，另一个则装着一张面值100万元的支票。

如果你是获奖者，你会做出怎样的选择呢？是选第一项拿走10万元的奖金，还是赌一把，想办法拿走100万元的奖励？

获奖者A选择了拿走10万元的奖金。在他看来，100万元的支票虽然非常诱人，但是自己只有50%的机会中奖，一旦失手，连一分钱也得不到。那么，与其这样，还不如获得10万元更加实惠。

获奖者B是个冒险主义者，稳稳当当地获得10万元虽然有一定的吸引力，但100万元更让他动心。考虑到两份奖金之间的差距有10倍之多，以50%概率去获得100万元的巨额奖金非常划算。于是，他选择了第二项，选宝箱的游戏。

对这两个获奖者进行分析，就可以发现，这两位获奖者都是典型的穷人思维。获奖者A过于保守，容易满足现状，根本没有胆量进行冒险。这种人在生活中往往缺乏投资思维，也没有投资的勇气，只能抓住那些百分之百不存在风险的收益。

获奖者B同样不具备富人思维，在他看来，财富的获得就像赌博一样，需要靠运气和胆量，而非依靠更加精细的、科学的计算。这类人通常喜欢冒险，而且常常进行缺乏理性的冒险。他们对于一夜暴富有很深的执念，在面对潜在的挣钱机会时，会毫不犹豫地想着去碰碰运气，即便概率很低，也愿意赌上一把。然而，他们的能力根本不具备冒险的资格。

A和B代表了现实生活中的低收入者，或者说至少是大部分穷人的思维。比如，他们经常走两极化的路线，要么非常保守，一切求稳，满足现状；要么就盲目冒险，把所有的机会浪费在“一刀切”式的赌博上。无论是保守还是激进，都是一种试图单一化解决问题的方法。

面对同样的选择，拥有富人思维的人又会如何做呢？如果是为了快速积累财富，以及积累更多的财富，那么一号选项的10万元可以直接排除。对一个想要积累更多财富的人来说，肯定不会将机会浪费在区区10万元上，他必定会将目光锁定在二号选项上。而为了确保自己可以获得更高、更稳定的收益，他就需要对原有的“二选一”模式进行变通，打造一个更好的模式。

那么在富人思维中，又该如何处理高收益和高风险的关系呢？

一般来说，他们会制定两种策略。

第一种就是风险转嫁的策略，这种策略具有很强的操作性，而且操作方案很多。比如，获奖者可以将这样的选择机会以30万元的价格转让给那些愿意赌一把的买家，这样就可以在转让风险的同时，获得比10万元更高的收益。获奖者也可以和第三方的买家签订协议，如果买家抽中了100万元的箱子，就需要支付30万元给获奖者；如果买家一无所获，那么只需要支付10万元。

第二种是风险切割，这里强调的风险切割本质上也是一种风险转嫁的方法，但它相对来说比较隐蔽。获奖者可以和公司进行约定，自己主动放弃二选一的抽奖，但是希望将宝箱中的100万元预支出来，之后还回去。接下来，获奖者可以将100万元切分成几百万张0~1万元面值的奖券，对外展开抽奖活动。抽奖者只需要花5元钱，就可以参加抽奖活动，并有机会获得最高1万元的奖券。这项活动可以轻易收获上千万元的收益，而这个时候，获奖者就可以把100万元还回去。获奖者也可以将二选一的机会抵押给第三方，获得50万元资金，然后利用50万元进行投资或者用于抽奖。

财富的获得往往是多形态也是多路径的，投资者和创业者要做的事情就是开发新的路径。如果说穷人的挣钱方法是一种被约束在一元思维下的模式，是一种单一的、线性的模式；那么富人的挣钱思维是多元化的，是扩散型的，甚至是打破常规的。他们可以在固定条件的基础上创造新的商机，可以对原有的基础进行变通，从而打开新的财富通道。

拓宽财富通道的方式多种多样，比较常见的有条件（场景）转换和资源整合。条件转换强调的是将原有设定的场景进行适度转化，变成有利于自己的条件。在这个过程中，收益的增加和风险的控制会成为重点关注的对象。像开篇谈到抽奖问题，就是一个典型的条件转换，将自身需要做出的二选一模式，转化成为其他人的选择模式。在转换的过程中，人们需要在高收益和高风险之间做出一个平衡，需要将不利于自己的条件转化成有助于自己获益的条件。

资源整合强调的则是资源的重新配置。不同的资源组合会产生不同的效果，当投资者面对不利于自己的条件时，就会寻求新的资源配置，将现有资源分配到其他更能够产生价值的地方。

比如，大家都知道麦当劳是一家快餐公司，最重要的食物就是汉堡、薯条和可乐，而这些食物并不是什么高科技，很多快餐公司同样可以制作和出售，那为什么很少有快餐店做得像麦当劳那样成功呢？秘诀就在于麦当劳非同一般的商业模式。

通常情况下，类似的西式快餐店想要做大做强，想要获得更大的收益，就要采用标准化生产的模式，包括土豆、面粉、鸡肉、牛肉的统一安排。麦当劳便为农户提供优质土豆种子和牛种，甚至传授种植、养殖经验，最后统一进行回收，这样就保证了食品的质量和成本。另外，麦当劳非常注重从可乐之类的食物中获得高额利润。可以说，依靠日益强大的品牌，麦当劳的食物越来越受市场欢迎，有效提升了客户的认同感。但仅仅依靠这些，还是不足以做大做强，所以麦当劳直接跳出了传统的“依靠品牌影响力卖食物”的盈利模式。

麦当劳认为汉堡、薯片、可乐之类的产品虽然可以提升品牌影响力，但是如果将品牌影响力仅仅停留在食物层面，显然太过于狭隘了，它完全可以辐射到更宽泛的地方，比如地产事业。事实上，麦当劳每成立一家分店，都会选择一个交通比较发达，且位置较为宽广的位置。它会花大价钱将周边地区的地产与商铺垄断，等店铺开业之后带动了周边的人流量，就将商铺和楼盘出租给其他店家从而赚取差价。当商铺和地产吸引了更多的人流，就会逐渐形成繁华的商业街和商业圈，此时，麦当劳就可以在地产方面获得巨大的收益。

无论是个人，还是企业，都应该尽量跳出单一思维给自己划定的固定区域。当机会来临时，要认真分析环境和各种资源，然后寻找一个切入点跳出现有条件所构建的思维框架，打造一种多元化的拓展模式，或者直接打破常规性，通过一种非常规的模式来创造商机。

## 进行逆向思考，寻求最佳的机会

世界知名价值投资者霍华德·马克斯是20世纪90年代股市当中的风云人物，他曾经成功预测了科技股泡沫破裂，还将自己的投资心得整理成了备忘录，一时之间成为了华尔街必读文件。后来，马克斯又综合自己的这些投资心得，写成了《投资最重要的事》这本书，并很快在圈内风靡，就连巴菲特都曾忍不住赞叹："我第一时间打开并阅读的邮件就是霍华德·马克斯的备忘录。我总能从中学到东西。他的书籍更是如此。"

在《投资最重要的事》中，霍华德·马克斯总结出了优秀投资者的思维特征：第二层思维。在他看来，第一层思维是指大家对相同的事件有着彼此相同的看法，而且往往也会得出同样的结果。而第二层思维则区别于第一层思维，它是指那些不同于市场上普遍观点的思考模式，或者说就是一种逆向思考。巴菲特曾经说过一句话："当别人贪婪的时候，要恐惧；当别人恐惧的时候，要贪婪。"这就是一种逆向思维，也是第二层思维的表现。

大多数人都处于第一层思维的层面上，他们是坚定的潮流主义者和从

众群体。比如，当市场上出现某种投资或者项目的流行风潮时，第一层思维的人会毫不犹豫地参与进去，成为潮流的一部分：当股价上涨，大家纷纷购入股票时，他会积极购入股票；当大家都认为某个项目有利可图而跟进时，他也会选择跟进；当整个行情急转直下的时候，他同样会跟着别人快速逃离。无论是在市场的博弈中，还是在资本的游戏中，位于第一层思维的人都会紧跟大众的步伐，他们会产生和大众一样的想法，会执行一样的流程，当然常常也会面临同样的结局。

而具备第二层思维的人，往往能够更好地掌控事物发展的规律，他们对于投资规律的分析达到了一个新的境界。因此对于出色的投资者来说，一个项目一旦被多数人看好，那么最好远离这个项目，因为结果大都不太尽如人意；反过来，一个项目如果被多数人都看衰，那么就要伺机寻找机会，因为越是被人看衰，就越容易迎来抄底的机会。他们具备不同于常人的洞察力和决策力，能够看到别人不曾关注到的细节，能够看到别人不曾关注的机会，也常常通过反其道而行的方式获得不菲的投资收益。

分析市场上那些最优秀的投资者的成功事例，会发现大部分成功的投资都是逆向思考的结果，他们总是可以在大家普遍认为不利的形势下发现绝佳的机会。比如1989年，股市处于低迷期，当时的可口可乐公司股价在短时间内跌去了四分之三。大部分投资者都不看好这项投资，但是巴菲特却认为这样一家出色的公司未来必定会有一个更好的发展空间，股价迟早会大涨，所以他直接花了10亿美元购入大量可口可乐公司的股票，结果10年以后，这笔投资直接变成了100亿美元。

又如2006年，美国房地产和房产抵押市场如火如荼，普通民众和华尔街的大多数金融机构都在尽情享受将近十年的地产发展红利，而投资人约翰·保尔森却隐隐发现美国房地产繁荣背后的泡沫。他亲自带领基金团队搜集了大量房贷市场的财务数据，特别是对成千上万抵押房产的普通民众进行了追踪，了解他们的房贷情况和个人财务状况。通过大量数据的搜集和分析，保尔森意识到美国房地产存在巨大的房贷危机，恐怕债权人将很难收回贷款，而大家对此却一无所知。

约翰·保尔森很快意识到做空债务抵押债券将会是一个非常好的投资机会，但投资伙伴却觉得很荒唐，因为美国房地产依旧非常繁荣，做空债务抵押债券只会不断赔钱。事实证明了投资伙伴的担忧不无道理，在投资之后，房地产还在延续之前的火爆状态，投资团队损失了一大笔钱，很多同行也开始取笑他。不过，保尔森劝说大家沉住气，继续观望，结果2007年次贷危机席卷全美，华尔街哀鸿遍野，保尔森管理的两只基金却逆势而上，分别升值了590%和350%，他自己也成功挣到了37亿美元。

逆向思维更多的是一种反常规的思考模式，这种反常规主要建立在规律的理解和科学分析的基础上，它不是盲目求新求异，不是盲目寻求不同的方法和不同的模型。在投资领域，很多时候人们对于投资规律或者股票发展规律存在认知偏差，他们常常认为大家都认为对的就一定是对的，大家的意见和想法就代表了事物发展的规律。可是，规律并不以人的意志为转移，恰恰相反，最好的投资往往最容易被大众忽略。当大部

分人都盯着某一种趋势或者某一个点时，它的价值就不断降低，因为从众往往意味着平均收益。如果考虑到资本之间的博弈和市场的一些重组机制，就会意识到从众具有很大的风险，比如期货市场上就存在一种“市场心理指标”：如果80%的投资人看好它，那么行情就会下跌；反过来80%的人不看好它，行情往往就会上涨。市场总是拿大多数人开刀，只有少部分聪明的人可以逆势而上，寻求真正的突破。

逆向思考可以帮助人们把握真正的发展规律，让人们真正了解投资的规则，挖掘真正的机会。但是，对于多数人而言，想要做到逆向思考很难，它需要把握几个要领。

第一，对大趋势做一个基本了解。

想要了解大趋势，那么就要有一份比较客观的调查数据。调查者需要弄清楚整个市场发生了什么，出现了什么变动，这种变化的轨迹如何，幅度大不大，究竟有多少参与者选择了迎合这样的趋势。比如，某只股票是不是一直在涨价，涨了有多久了，涨价的幅度怎样，大概有多少投资者或者有多少比例的投资者选择购买这只股票。只有了解这个趋势，人们才能做出更合理的判断，看看是不是值得逆向操作。

第二，对个体投资做一些细致调查。

想要真正了解整个投资市场上发生了什么，那么个体投资的取样就不可或缺。这种取样不是单个的个体，而是需要成百上千，甚至上万的样本。调查者需要了解他们最基本的投资信息，包括对投资的看法，投资的额度，投资的期待，投资的时机选择等。

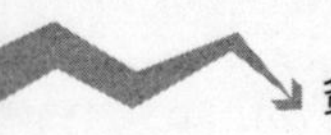


第三，保持耐心。

对于想要进行逆向思考的人来说，耐心是一个不可或缺的品质，因为市场会不断发生变动，时机的掌握非常重要，人们需要保持耐心，寻找最佳的时机入手。此外，当局势变化不明显的时候，人们容易陷入自我怀疑的状态，并且有可能会倾向于第一层思维，这样就会对整个逆向操作造成破坏，只有保持耐心的人才能真正把握住机会。

投资人应该将逆向思考模式当成一个习惯来培养，要懂得在大众化的、潮流性的、群体性的思维中挖掘规律，寻找机会，这样才能更好地收获财富。

## 及时总结失败的原因，积累致富经验

对低收入和低财商的群体进行分析，会发现生活中的多数人都处于一种惯性的贫困当中，他们对于导致贫困的因素表现得无能为力，只能任凭那些因素一次次干扰自己获得财富。比如，一个农民刚刚种下几亩地就被蝗虫吃掉了。无奈，他只能接受这种状况。第二年，他接着种，结果又遇到了大旱天气，田里颗粒无收。到了第三年，粮食收成很好，可是战争爆发，粮食被人抢走了。这个农民的贫困是被各种不可抵抗的外力干扰，是外在环境引起的惯性贫困。

还有一种惯性贫困是由于自己的问题引发的。比如，很多人缺乏致富的能力，却不愿意去提升自己，所以他们长久以来都无力改变贫困的局面。又如，很多人非常自负，总是觉得自己应该成为一个大人物，因此不愿意从小事做起，也不愿意迁就别人，这自大的性格导致他们无法以正确的态度面对生活，因此也陷入了贫困的境遇。还有一些人则是缺乏自省的态度和总结经验的习惯，他们经常在同一个问题上多次犯错，经常栽倒在同样一件事上，经常因为同样一个难题而错失机会，甚至从来没有认真进行过自我剖析。这种人从来不会在挫折和失败中总结经验，无法对同类事件做出正确的应对，也缺乏合理的应对方案和措施。

通常情况下，不善于总结失败经验的人，存在两种心理：第一种是逃避心理，第二种是无所谓心理。他们经常将失败简单地归结为运气不好、没有背景和关系、缺乏相应的资源，却没有系统且深入地剖析内在的原因：是不是选错了项目，是不是个人专业技能不过关，是不是关键问题上做出了错误决策，是不是个人优柔寡断而错过了最佳的操作时机，是不是没有做好团队配合工作……他们不愿承认是自己的能力不足或者操作失误导致失败，因此会尽量从自身以外寻找借口，并且拒绝总结经验。

他们在遭遇失败的时候，不会认真总结经验，寻找失败的原因，因为在他们看来，总结经验也无法改变失败的结局。对于他们而言，结果是什么远远要比过程经历了什么更加重要，也正是因为这样，执行过程中究竟出现了什么问题他们并不关心。对于自己陷入贫困状态也是一样，他们不会去深究其中的原因。

相比之下，成功者往往都有总结失败经验的习惯。在他们看来，失败有其价值和意义，从失败中可以发现很多问题，也能吸取很多经验和教训。

美国著名企业家保罗·道弥尔出生于匈牙利，由于家庭条件不好，21岁时便只身前往美国闯荡。由于不太适应美国的工作和生活，他先后换了十几份工作，目的就是了解自身的不足，同时尽可能对美国社会的方方面面多做了解。

道弥尔是一个非常聪明好学的人，在从事销售工作之后，他对于自己在工作中遭遇的每一次挫折都会记在心上，然后不断从中总结经验，他渐渐养成一种习惯。后来，由于事业越来越成功，他做出一个惊人的决定——专门收购那些濒临破产的公司。许多人觉得他一定是疯了，毕竟那些公司都是烫手的山芋。可是，他并不这么想，他觉得任何一家即将倒闭的企业都有其失败的原因，而这正是经营企业的最大宝藏。于是，道弥尔开始疯狂收购快破产的企业，然后依靠对问题的精准把握和出色的经营管理能力，让那些企业起死回生。

总结经验并不是简单地针对那些出错的环节进行梳理，更重要的是对整个流程的回顾，为了避免犯下主观主义错误（想当然地认为就是这里错，或者就是那里错），人们需要更客观地进行反思和总结。正因为如此，人们需要掌握一个重要的方法——“复盘”。

“复盘”原本是一个心理学名词，强调人们重新回顾和梳理过去所经历或者所做的事情，其中包括对当时的思维模式和行为模式进行仔细回顾，从而更加明确地知道自己在哪些环节上犯了错误，或者做得不够到位，看看自己在哪些方面做得很出色。对于那些已经表现出问题的行为，复盘者需要花费更多时间和精力进行反思和梳理，找出原因并寻求解决问题和自我提升的方法。

复盘是一个心理推演的过程，推演的时候会列出各个重要环节和因素，分析不同的可能性，努力找出不同的方向和自己在不同方向上努力所产生的结果。通常情况下，复盘会被用于内部的纠错，确保人们可以

在相关问题上进行深入挖掘，并形成一个不断被重复的重要经验，从而避免错误一直存在并对接下来的行动产生消极影响。

需要注意的是，复盘本身是一个比较复杂的过程，想要复盘所有的环节更是困难，因此往往还需要其他人的参与，只有他人提供足踌多的帮助，才能更好地搜寻所有相关的步骤和环节。

# 第六章

# 开阔自己的胸怀，培养富人心境

# 放下面子，脚踏实地做事

管理学上存在两个重要的圈子：一个是关注圈，另一个是影响圈。关注圈指一个人会感兴趣的事物范围，或者说个人渴望得到的事物。影响圈指个人的行为能够施加影响事物的范围。

关注圈主要是指个人追求的目标，以及个人的选择。比如，一个年轻人想要成为千万富翁，就会选择自主创业，而且会选择一些投入较大回报较高的项目，像期货、投资、科技产业、开酒店，或者选择购买彩票。他还会想结识更多的有钱人，进入富人阶层生活，住豪华别墅，这些就是他的关注圈。而一个中年人通常会关注个人的健康问题，做一些力所能及的事情，并获得一份稳定的工作。相比于自主创业，他们可能更加倾向于选择一份稳定收入的工作，这是中年人的关注圈。

一般来说，关注圈越大的人，野心也越大，对于人生的期待值更高，对于工作会有更高的目标设定。而关注圈越小的人，欲望越小，对于生活和工作感到知足，没有什么特别的要求和目标，并且不太喜欢那种充满竞争的环境，他们更倾向于现在已经拥有的一切，而不是去追求更多

的东西。

影响圈则是对外的，强调个人对外在环境的影响。一个千万富翁的影响圈肯定要比普通人的影响圈大，富翁们认识更多的有钱人，认识各种类型的社会精英，他们可以运用自己的财富、地位以及人脉关系赢得更多人的认同，成为行业内、生活圈内的领导者，也可以利用自己强大的资源影响别人的生活和工作。就像一个大集团公司的老总，如果缺席一个会议，就可能会给整个公司带来几百亿元的亏损，给整个行业的供应链带来严重影响，他们的影响圈涉及整个公司和整个行业的层面，甚至会对城市和国家经济产生影响。而普通员工对周围的影响非常有限，缺席一个内部会议或者缺席一天的工作，也许只是导致工作流程中损失几百元的创收。

影响圈和个人的实力息息相关，通常情况下，影响圈越大，个人的实力越强，能够做到的事情越多，社会对他的需求更大，周边的人对他的依赖性越强。而影响圈越小，表明个人在社会上的地位越低，社会对他的需求也越低。

关注圈和影响圈相辅相成，比如很多人关注圈很大，但是影响圈很小，这就表明他们能力有限却好高骛远，缺乏脚踏实地的工作精神。如果关注圈小，影响圈又不算小，就会让人觉得他胸无大志，缺乏远大目标，没有竞争意识。这两种人很难积累财富，性格问题牵绊和阻挠了他们的进步，他们很容易在社会上栽跟斗。而真正能够掌控财富的人，往往比较踏实，他们能够依据自身的能力来提出相应的目标，能够按照自

己的时机需求安排好人生计划。在多数时候，他们会在个人关注圈与影响圈之间找到一个平衡。

对于经营产业的人来说，服务心态非常重要。许多经营者和创业者喜欢先入为主，总是认为自己进入市场之后，就可以主导客户的消费模式和消费需求，在他们的眼里，自己就是市场上的创造者，客户只需要接受自己的产品即可。比如，他们常常会给客户提供A、B、C三种产品，客户可以从三种产品中做出选择，但没有考虑过客户也许更想要产品D和E。事实上，现在的市场并不是卖方市场，而是买方市场，让客户围绕着自己来转，显然不合时宜，因为这个世界永远只有极少数人能够引领产业发展，能够为客户创造需求。

这就是典型的关注圈大（妄图引领市场和引导客户需求）而影响圈小（自身的实力不足以引起客户的关注）的表现，而这样的创业者很难获得成功。聪明的经营者会建立以客户为中心的服务理念，他们会认真倾听客户的需求，谦卑地接受客户的批评和建议，努力去迎合客户的想法，跟上客户的节奏。在他们看来，所有的改变和不变都必须以客户为前提。

比如，美国有很多所谓的平价超市，但很多超市都把如何做到利润最大化当成了唯一的目标，它们期望可以做大做强，形成市场垄断，可是根本没有那样的实力和影响力。不过，沃尔玛超市却不这样。创始人沃尔顿积极为顾客着想，摒弃了那种盲目做大的想法，将关注力定在“为顾客省钱”的目标上。为此，他反复告诫员工：“我们重视每一分钱的价值，因为我们的服务宗旨之一，就是帮每一名进店购物的顾客节省钱。每当

我们省下一块钱，就赢得了顾客的一份信任。”在这种目标的指引下，沃尔玛超市采购员总是争取用最低的价格采购商品。沃尔玛整个存货系统和发货系统都简单高效，尽量省下每一分钱，此举迎合了大量中产阶级和大众的需求，沃尔顿本人的影响圈开始扩大。这个时候，沃尔顿的发展目标和关注圈也跟着扩大，并形成了完美的平衡。

无论是谁，无论做什么事情，无论有什么目标，都要注意确保个人关注圈和影响圈的平衡。关注圈明显大于影响圈的人，往往不够务实，做事情容易好高骛远，这样的人在创业或者投资时，常常会做出一些不切合实际的决策，从而增加风险。关注圈明显小于影响圈的人，显得过于谨慎和保守，在投资领域往往不够自信，很难有什么作为。只有这两个圈子保持同步增长，相互配合，保持在一个重合度较高的发展轨迹上，人们才能真正踏实做事，并找到最适合自己的发展模式。

# 停止抱怨，先改变自己

科学家发现大脑中有一个名叫下丘脑－垂体－肾上腺轴（HTPA axis）的化学系统，当人们面对危机的时候，这个系统就会立即被激活。这个时候，人便会产生焦虑的情绪，产生战斗或逃跑的反应。很多人在出现焦虑情绪的时候，会进入思考和分析状态，想着如何去解决问题，而有的人会产生逃避意识。抱怨就是一种逃避，通常表明人们并没有想过解决问题，或者缺乏解决问题的能力，所以只能通过抱怨的形式来寻求安慰。

这种焦虑防御机制在生活中经常会发挥作用，而真正能够控制好焦虑情绪不会产生负面影响的人并不多，只有少数抗压能力强的人，才能够借助焦虑情绪激发解决问题的意志，甚至提升个人的状态。比如在谈论个人发展问题时，公平永远是一个热门话题，有的人认为自己工作那么努力，工作业绩也很出色，但是一直没有得到上司的重视，而其他表现更差的员工却得以晋升，因此会产生不满和焦虑，然后开始抱怨内部分配机制不公平，抱怨领导层偏心，抱怨腐败的管理。

在企业和事业单位中，跳槽率最高的是那些基层员工和普通职员。他们通常只能获得较低的收入，也不太容易受到上级的关注，因此最容易产生焦虑感。可事实上多数职员并没有足够的能力来支撑他们获得高收入的梦想，在老板面前也缺乏足够的说服力，因此最终反而会通过抱怨来逃避"自身能力不足"的问题。当诉求无果之后，这些人会通过跳槽来寻求机会，可是到了新的环境中，不公平的问题会继续存在，自己仍旧无法获得重视，新的抱怨再次产生。这些人往往会陷入"越抱怨，越跳槽，越跳槽，越抱怨"的恶性循环之中，个人的工资不会上涨，个人的发展会受到越来越多的制约。

遇到不公平的现象时，抗压能力强的人虽然也会产生焦虑感，但很快就会做出调整。在他们看来，不公平的现象是普遍存在的，自己也无力做出改变，抱怨无法解决任何问题，也无法带来任何改变。自己要做的就是努力做到更好，争取表现出更大的竞争优势，这样才有可能为自己赢得更大的机会。

有个人在公司里工作了3年，平时工作很努力，业绩也在部门内位于前列，工作经验更是非常丰富，可是当其他同事都纷纷获得晋升时，自己还停留在原有岗位上，为此他心里觉得很郁闷。有一次他和朋友诉苦，并且打算跳槽，朋友也很同情他，但还是建议他再给自己半年时间。

这个人点点头，答应下来。为了把握住半年的时间，他更加卖力工作，而且还特意给自己制订了新的工作计划，并每天严格按照计划行事。3个月之后，老板突然将他叫到办公室，对他的工作能力和工作态度大加

赞赏，决定任命他为研发部的经理，这个时候他便放弃了跳槽的念头。

事实上，不合理、不公平的现象在社会中普遍存在，资源分配不均，教育不公平，就业机会不平衡，影响着人们的生活和工作。弱势群体无法改变这一切，也不可能逃避这一切，唯一的方法就是改变自己，提升自己的能力，为自己争取更多的机会。抱怨只会将个人的发展永远限制在那些低层次的生活和工作上，只会让自己的视野越来越狭隘。

《不抱怨的世界》中有这样一段话："你有权利得到你应得的。要达到这个目的，就不要一直谈论这个问题，或是把注意力完全放在上面。你应该要从更高的层次来思量问题，看着它被解决。只要谈你的渴望，只要和可以提供解决方案的人谈。你会缩短等待的时间，让你的需求更快被满足，在这段过程中也会更快乐。"如果人们想要摆脱当前的困局，想要从贫困中逃离出来，那么就不要继续在那种低层次的生活状态中争执不休，而要站在更高的层次思考问题。

——"也许我做的还不够好"

——"每个人都会遇到这些糟糕的情况，我得学会适应这些"

——"现在就抱怨，那就意味着我害怕和退缩了"

——"下一次，我想我能够更好地处理这些问题"

当人们愿意跳出来看待自己遭遇的问题和挫折时，就能够从更高层面上找到解决问题的方法，他们会更加认真、细致地挖掘自己存在的不足，会更加坚定地促使自己不断学习、不断提升。

2008年，由美国次贷危机引发的金融风暴席卷全球，埃隆·马斯克创立的特斯拉和SpaceX在这个时候遭遇到很大的挑战，由于资金紧张，马斯克几乎面临破产。不仅如此，2008年8月2日，SpaceX火箭的发射再次遭到失败，华尔街对于马斯克更是一片嘲讽，大家还纷纷落井下石，联合起来拒绝投资和贷款。面对资本危机和外界的打压，马斯克没有任何抱怨，而是选择继续努力，改进自己的火箭。在总结发射失败原因的发布会上，马斯克在发布会即将结束时说了这样一句话：“乐观也好，悲观也罢，管它呢！上帝面前做血证，我就是拼了命也要把事做成。”在那之后，马斯克带领团队认真分析失败的原因，并亲自带队攻克技术难题。2018年9月28日，SpaceX火箭成功发射，马斯克瞬间得到了众人的敬重。

事实证明，只有不抱怨的人才能真正面对挫折，才能在挫折中端正态度，并努力获得克服困难和征服挫折的办法。

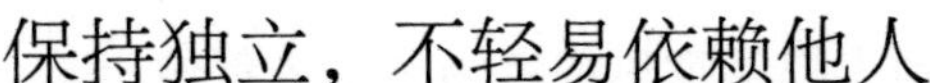

# 保持独立，不轻易依赖他人

美国前总统林肯经常讲这样一句俚语：“如果一只狗连尾巴也算在内的话，总共有几条腿？答案还是四条腿，因为不论你是不是把尾巴当作一条腿，尾巴永远还是尾巴！”这句话长期以来都被华尔街投资人和经理人奉为圭臬。在他们看来，真正善于掌控财富的人应该在思想上保持独立性，不能受到外部因素的干扰，要尽量避免被那些会计师、分析师、投资界的前辈以及新闻媒体干预，从而影响自己对形势的判断。

不过对于很多人来说，他们仍旧对“狗尾巴是否是腿”持怀疑态度，并认定别人的想法才是决定它是什么的关键。这种人通常都缺乏自信和独立性，在面对各种机会的时候，缺乏判断力。即便是自己有把握的项目，他们也没有胆量去尝试，而是寄希望于其他人，喜欢听从他人的想法行事，跟随他人的脚步行动，甚至以大众的标准为标准，以大众的选择为选择。这种盲从的特性使得他们丧失了经营事业的独立性，无法真正分析和把握商机。炒股时这种情况最常见，大多数股民其实不具备炒股的能力，基本上都是跟着熟人炒股，或者跟随大众购买股票或者抛售

股票，而这种盲从的行为导致大部分股民都成为股市中被收割的对象。

在投资和创业中，那些面临亏损或者处于挣扎边缘的人往往都是一些盲从者。他们没有独立的分析能力，没有独立的投资理念，也缺乏实际的操作能力，当别人提供意见或者当多数人都做出某个投资选项时，他们就会跟着做出相应的选择。有人做过分析，发现一个新的行业或者一个投资热点出现的时候，可能只有不到10％的人是真正经过深思熟虑才进入市场当中，而剩下的绝大多数人都是趁着行业火爆之后跟随进入市场的。因此，大部分情况下，大约5％的先行者成为了行业领头羊，垄断了大片市场，15％的人则借助先入优势分到了一些发展红利，而剩下80％的人基本上挣不到什么钱。

除了个人的投资以外，他们在团队中可能乐于扮演一些边缘角色，即便团队要求他们发挥更大的作用时，也会表现出退缩和依赖的一面。对他们来说，团队中会有人替自己完成工作，替自己出谋划策，帮自己做出最安全的决定。相比于承担责任，他们似乎更愿意让别人做完所有的工作。

假设A先生是某个团队项目的负责人。他拥有50％的份额，拥有最终的否决权和质询权，但是A先生从来没有使用过这些权力，也没有独立做出任何一个重大决策。那么，A先生会是一个出色的管理者吗？

很多人认为A先生具有典型的民主意识，甚至认为他非常重视团队合作，但情况显然不是这样。任何一个管理者都必须对自己的业务决策负责，保持强大的自信和独立的分析能力，在必要的时候，他必须自己站

出来拍板定案，也许这会是一个错误的决策，也许会直接导致项目的失败，但这是一个管理者应该去面对和承担的。如果仅仅因为害怕自己会导致失败而放弃那些权力，他又该如何来推动自己的业务发展呢？

一个真正能够创造财富的人，首先应该是一个独立的个体，他必须有独立的意识，能够独立做出判断、分析和决策，能够独立制定规则和独立执行自己的核心任务。所以在面对投资项目时，人们应该依靠自己的知识结构进行分析，明确自己的投资方向、投资目标，按照自己的理解做出相关的决策。在整个过程中，别人可以提供意见和建议，可以提出不同的想法，但是作为决策者，他们必须有自己的主见和想法，有自己的思维逻辑和决策的依据。

其次，一个真正创造财富的人必须能够承担相应的责任，能够对自己做出的投资决策和投资方案负责，能够承担投资风险，能够将项目发展的重担挑在肩上。因此，在经营某个项目或者在某个岗位上任职的时候，人们需要主动承担自己的任务和责任。那些关键的任务和关键的决策，绝对不能推到其他人身上，自己需要对最终的结果负责。当项目遭遇危机和风险的时候，同样需要站出来面对，寻求解决问题和降低风险的方法，而不是逃避和推诿。

最后，一个独立的管理者必须拥有强大的自信，他们对自己的想法、计划充满了信心，并坚信可以获得成功。麦肯锡前全球总裁施南德回顾自己的成长经历，认为自己最大的收获就是保持自信，能够自信地做自己的事情，并坚定地按照自己的意愿执行相关的计划。他说："回想30年前我进入麦肯锡时，有种游离在外的感觉，因为当时我的资历、经验和教育背景算不上很强。出乎我意料的是，同事们都很愿意帮助我获得自信，做真实的自己。事业上的稳扎稳打，让我坚定地相信，做真实的自己既是通往个人幸福之门，也是取得事业成功的关键。”

对于任何人而言，独立应该是一个基本素养。如果想要追求财富的自由，想要追求经济的独立，那么首先就要在思想上、意志上保持独立，依赖他人的人是无法走得长远的。

## 放开胸怀，吸收更多的能量

在学习方面，拥有穷人思维的人和拥有富人思维的人之间往往存在很大的差别，虽然他们都可能会在学习中表现得非常专注、投入，但两者之间还是存在侧重点的不同。比如，拥有穷人思维的人常常是为了学习而学习，往往认为自己掌握的知识足够用来处理相关问题了，或者认为自己只要掌握专业领域内的知识就足够了，没有必要浪费时间、精力和成本去学习其他方面的知识，没有必要去涉足其他类型的知识，也没有必要总是和别人进行交流和分享。而拥有富人思维的人则是为了价值而学习，习惯于从外界获得更多的知识补充，习惯于扩充知识来源的渠道，并且乐于接收不同的理念、想法、思维模式和知识类型。

两种不同思维模式决定了双方在学习过程中收获的效果，也决定了双方会在发展中走向不同的道路。事实上，有理由相信一点，个人的成长甚至是成功一定是某种能量的积累，这种能量的组成元素包含了各种资源，包括资本、时间、知识、能力、经验、思想、意志力，等等，其中有一些可以自己去积累，另外一些则需要通过学习来获得。这种学习的

姿态更多的是一种开放的、包容的模式，它注重的是个人从外界获得更多有益的补充。

首先，要保持开放的姿态，接触不同的经验和想法，虚心地从别人那里汲取经验。没有人是万能的，没有人有足够的时间和精力去了解一切、掌控一切，在各自的生活和工作空间内，人们的想法、思维和认知是存在界限的，人们的资源占有量同样是有限的，这就注定了人们需要保持开放的心态才能了解这个世界更多的规律和真相。同更多的人接触，虚心地请教不同的经验和知识，包容更多不同的想法和理念，可以丰富自己的思维、拓展自己的事业，强化个人决断的合理性。

比尔·盖茨每年都会读很多书，并且会和作者见面，和他一起探讨书中的内容。对于自己不了解的东西，他会虚心向对方请教。不仅如此，盖茨的兴趣非常广泛，尽管他自己就是一个成功的商人和企业家，但他仍旧经常向那些投资高手请教经营和管理理念。2017年，盖茨以推文的形式给毕业生提供了一些建议，在推文中他再次强调了向他人学习和请教的重要性："在微软的早期时候，我认为如果你擅长写代码，你也能很好地管理员工，或者搭建好市场营销团队，或者胜任任何工作。事实上，我错了，我不得不学会识别和发现人们的不同优势。"

同样地，华为创始人任正非曾提出了"一杯咖啡吸收宇宙能量"的观点："我们可以试试人才'众筹'，就是特优秀人才快进、快出，不扣住人家一生。不求他们归我们所有，不限制他们的人身自由和学术自由，不占有他们的论文、专利……只求跟他们合作。我听说，有的部门与美国

大学教授合作，还提出很多附加条件，不要这样做。我们去支持大学里的教授，喝杯咖啡沟通沟通，听听他的讲话，理解他这篇文章的意义，就能得到很大启发。你们晚上没有事，也可以看看生物等这些跨学科书籍。虽然不能去创造发明，但增强对其他学科理解，当其他学科的专家跟你聊天时，就能感知他学问的价值用途。”

只有乐于保持开放姿态的人，才能更好地从别人那里获得更好的补充和完善，并顺利扩展自己的视野，确保个人能够快速成长，而这就是富人思维中重要的一部分。

其次，要注意学习不同类型的知识，打造多维度的知识结构，以此来掌握更多的思维模式。任何的知识类型、专业和学科都有自己的价值，从某种层面来说，所有的知识都是互通的，它们都可以相互借鉴，用于不同的领域当中。一般情况下，当一个人掌握的知识越丰富，掌握的知识跨度越大，看待事物越全面，解决问题的方法也就越多。思考越有深度和维度，也能够挖掘到更多内在的价值。

很多顶级的学者、专家和商人都喜欢阅读，而且涉猎广泛，几乎什么类型的书都会看，包括历史、哲学、经济学、法学、数学、工程学、生物学、物理学、化学、统计学、心理学、生理学等学科的书。在他们看来，每一本书、每一个类型的书都有其独特的价值，能够帮助人们构建多维的知识体系。所以，他们一直尝试着从不同类型的书里汲取养料，将不同学科之间的知识转化成思想，然后组成不同的思维模式，据说投资人查理·芒格一共总结了大约100种思维模式。在面对投资项目和投资决策的时候，他可以轻易调动大脑中的思维模型库，将竞争进化思维模型、上帝视角思维模型、沉没成本思维模型、风险概率思维模型、决策树思维模型、诺依曼思维模型、第一性原理、二八定律等多种模型运用到现实操作之中。

对于普通人来说，不可能掌握那么多的知识和思维模式，但尽可能多阅读，多接触不同类型的知识，构建丰富的、多维度的、立体的知识架构，可以帮助人们更全面地分析相关的问题，从而做出更好的判断。

除了以上两点，人们还要注意一个问题，那就是放开胸怀，吸收更多的知识和养料。不过，这并不意味着就要放弃自己的观点和思想，也不意味着就要迁就别人的观点，真正的开放胸怀，吸收外在能量的人，要有强大而坚定的意志，要懂得将不同的知识融会贯通，这样才能真正完善和提升自己。

# 尊重自己的职业，而不是贬低它

在中国的深圳和东莞等地，有一大批年轻人在工厂里上班，其中有很多人并不满意当前的状况，对工作更是谈不上喜欢。他们整天漫无目的地在生产线上劳动，漫无目的地上下班，对于自己的前途没有什么太多的想法。这些看似努力在城市里扎根的年轻人，通常都很难得到更好的发展机会，一方面由于他们的硬实力不够，无论是学历还是技能都不占优势；另一方面由于他们对于工作的态度本就不符合一个奋斗者该有的状态。

在谈到自己的工作时，很多年轻的打工者都会说这样的话：

“我可能在做着世界上最累最脏的活！”

“我害怕被家人知道我在做这样一份不体面的工作。”

“我只是靠它混口饭吃，如果有其他选择，我不会干这个。”

贬低自己的职业，成为了很多年轻人谈笑间的一种习惯。如果进行调查，似乎很少有人会对自己的工作感到满意。这是一个普遍现象。可想而知，当人们对自己的工作开始讨厌，甚至瞧不起自己正在做的事情时，

很难想象他们会投入多少时间和精力做事，也很难想象他们会想方设法精进自己的业务能力。

人们需要建立远大的梦想，但这并不意味着就要贬低现有的一切。你认为自己的工作是怎样的，它就会给予你怎样的回报。当一个人轻易贬低自己的工作和职业时，他就不可能真正将工作做好，自己也一辈子不能从那些“低层次”的工作中解脱出来，因为这份工作不会给予他更好的发展机会。

苏联伟大物理学家列夫·达维多维奇·朗道曾就物理学天才进行排名，排在最前面的是那些物理学天才中智力和贡献最突出的，而那些排在后面的人都是一些天才中表现相对较差的人。为了更好地描述不同物理学家的贡献，朗道设置了一把特殊的“尺子”——朗道天才尺——用来衡量不同等级的天才。朗道尺设置了一个横坐标（x轴）和纵坐标（y轴），横坐标是物理学天才对物理学的贡献大小，纵坐标为物理学天才的等级，从最低的5级到最高的0级（共五个等级）。整个朗道天才尺以对数函数为基础，底数a=10，其中，朗道等级每相差一级，贡献就相差十倍。一位5级的物理学天才如果贡献值为3，那么4级物理学天才贡献值就是30，3级物理学天才的贡献值为300。

朗道尺以及朗道等级后来被广泛应用于其他领域的排名，也被用作个人发展等级的衡量标尺。比如一个人如果对工作不重视，也不愿意付出太多时间和精力，只是单纯地待在岗位上，那么他的朗道等级往往很低，贡献值只有1。如果他愿意承担相应的责任，认真完成自己的工作，那么

朗道等级就高一些，贡献值也许能够达到10。如果他在工作中表现得非常专注，而且表现出了热爱和激情，并愿意设定更高的发展目标，那么朗道等级就会进一步提升，贡献值也许会达到100。

这个世界，永远只有少部分人可以获得成功，能够站在最高的朗道等级上，原因就在于他们足够专注，且愿意投入更多的资源，无论是知识、时间、精力，还是热爱，他们都要比其他人付出更多。即便谈不上非常喜欢，他们也会保持基本的职业素养，努力投入更多的时间和精力。在他们看来，任何职业和工作都是有价值的。

- 提供很好的发展平台（价值提升、思维拓展和机会的增加）
- 积累财富（获得一份薪水）
- 磨炼意志力和执行力（强化个人的精神能量）
- 作为成长的一块好跳板（为下一步的发展铺路）

如果对各个行业、各个职业的从业者进行分析，就会发现，只有真正尊重职业的人才有机会脱颖而出，而那些贬低职业的人，则在抱怨、不满、焦虑或者无所谓中浪费自己的时间和精力。

职业是不分贵贱的，成功也没有特定的职业选择。一个通下水道的男人，每天都在干着最脏最累的活，但他却可以在通下水道的过程中发明不容易被堵塞的水管，以及更加高效的疏通工具；一个捡垃圾的人，可以垄断城市的垃圾回收业务，构建自己的垃圾回收工厂和能源公司；一个种田的人，可以通过自己的智慧，拓展自己的水果产业和旅游产业。

积极投入并且保持尊重，就是他们在各自的工作领域获得成功的秘诀，这也是任何一个从业者身上最重要的素养。这种尊重主要体现在人们是如何看待自己的工作和工作内容，是否全身心投入到工作当中，是否对自己的工作保持忠诚；人们对自己的工作有什么更高的诉求和愿景，对自己的工作是否愿意继续付出，是否愿意继续改进自己的工作技能，是否尝试着从中挖掘更大的机会。

尊重的最低限度就是保持业务素养，认真完成自己的工作，要对得起工作赋予的那些责任和担当。在韩国，那些销售员在出售自己的产品之前，往往会先购买和体验自家公司的产品。在他们看来，只有自己使用这些产品，才能够更好地说服其他人去购买相关产品。尊重的高层次就是坚守、热爱和精进，在日本，一个螺丝工可能会在岗位上一待就是60年；一个做斗篷的个体户，也许已经将这项技艺传承了几百年。

对于任何人来说，工作能力固然很重要，但是对于工作的态度同样非常重要，如果说工作能力决定了你能做什么，能够做到什么；那么工作的态度就意味着你愿意做多少，你愿意做到什么地步。人们需要对自己的工作保持尊重，需要对职业保持尊重，只有保持尊重才会更加专注，才会想方设法提升自我，也才会在工作中努力去探寻和挖掘出更大的商机。如果你讨厌自己目前所选择的工作，你对自己当前正在做的事情有诸多不满，那么最好趁早离开这个岗位，因为继续做下去也不会有什么成就。

# 保持强大的意志力

著名的投资大师理查德·丹尼斯是美国期货市场的传奇人物，也是投机市场上少见的天才，他一生中有过辉煌的投资业绩，也积累了大量的财富，其中最为人称道的就是提出了“海龟交易法则”。海龟交易法则的主要内容是指，任何一个人即便对于投资知识一无所知，但是只要经过严格的培训，并且让他严格按照规则去操作，按照交易规则去执行，就能够取得不错的收益。

在丹尼斯看来，只要打造一个完整的交易系统，人们只需要机械地按照规则去交易，无论行情是好还是坏，无论出现了短期的盈利还是亏损，只要保证严格遵守规则，机械地完成所有的交易步骤，就可以挣到钱。为了践行自己的理论，丹尼斯招聘了大量的学徒进行海龟交易训练，向他们传授那些最基本的期货知识和投资方法，让所有学徒记住相关的交易规则。结果这个海龟交易的培训取得了不错的效果，很多按照机械交易规则去执行的人都在交易中获得了收益。可即便如此，仍旧有不少人在执行中出现了违背交易规则的事情。这些人并不完全相信那些规则，

尤其是当交易亏损出现的时候，不少人按照自己的主观判断对交易策略进行了干预和破坏，最终导致交易失败。

这个实验实际上要求学员必须摒弃身上存在的人性弱点，完全交给机械的交易系统去判断，但在现实生活中并不容易做到。这也是为什么很多人了解交易的方法，也清楚投资的一些规则，可是在实际的操作中，总是会因为担心或者过分自信导致自己无法完全按照规则行事。这就像股票市场上的“逢高抛售，逢低买进”一样，很多人常常没有这样的耐心去等待。由于意志力不坚定，人们经常会对预先设定的那些科学投资决策产生质疑，这是大多数投资者身上的通病，也是穷人思维和富人思维之间的差别所在。

比如同样是创业，A先生和B先生各自选择了一个非常好的项目，可是在经历了半年的亏损之后，A先生认为自己当初的决策出现了问题，所以干脆选择投资其他的项目；而B先生始终看好自己选择的这个项目，因此一直咬牙坚持下去，结果熬过了半年的亏损期，项目开始不断创收，并且很快就弥补了之前的损失。

在工作中也是一样，很多人对于工作中存在的问题感到头疼，诸如薪资、发展机会、晋升机会等，这会让人慢慢失去耐心，并且导致员工意气用事。可是对于那些有计划且能够按照计划行事的人来说，他们对于工作的把握性更强，抗压力、抗挫折的能力也更强，因此能够保持初心，真正笑到最后。

通常情况下，人们会重点强调投资的技巧、投资的策略、投资的理论

知识，但意志力绝对是一个不可忽视的部分，可以说它是支撑人们正确、合理地运用相关知识的一个支柱。如果缺乏意志力，那么市场上的任何一个变动、生活环境的任何一点变化，都可能会影响科学策略的最终执行。对于那些顶级的企业家、商人或者投资者来说，意志力的强化与技术的打磨同等重要，他们常常将精神层面的修炼当成投资素养培养的一部分。

那么对于绝大多数人来说，究竟应该如何保持强大的意志力呢？不妨从以下几点来做。

第一，给自己一些更加积极的暗示。

人们之所以经常会在投资中出现意志力不坚定的情况，导致错失最佳的投资收益，就是因为经常被外在的因素诱惑或者被外在因素打击。比如，一只优质的股票很可能会在上涨之初就被提前抛售，因为很多人都经不起继续等待，等待会消耗掉大量的意志力。面对这种情况，也许投资者更应该给自己一些积极的暗示："我能挣到更多，我可以操作得更好。"在面临亏损的时候，提醒自己"可以控制好局势""这是一个非常好的项目和计划，不用担心一时的亏损"。积极的暗示和自我提醒，有助于稳定自己的情绪，确保不会出现违背计划和科学决策的情况。

第二，投资的时机很重要。

对于普通人来说，他们很难真正做到对投资起伏完全无动于衷，但是只要控制在合理的范畴内，就不会动摇自己的行为。这种控制离不开对投资时机的把握。假设一只股票从7元开始一直在下降，而且最低的点

应该在3元左右，那么对于多数人来说，只要选择在3.5元或者3.3元左右抄底就可以了，这是一个可接受的范围。如果人们没有准确把握时机，在5.5元左右的时候就入手，那么在后续的不断下降中，人们会对股价持续下降至2.5元感到担忧，并逐渐消耗掉大量的意志力，此时他们就有可能会对自己的决策产生质疑，认为原先设定的交易系统出现了错误。所以对于投资人来说，选择一个合适的操作时机非常重要，可以尽可能减少意志力的消耗。

第三，在练习中提升意志力。

意志力需要后天的培养和锻炼，因此如果条件合适的话，人们应该在一些小的投资项目或者创业项目上练手。他们可以先对自己的项目进行评估，然后制订一个较为完善的投资计划和操作流程，之后严格约束自己的行为，完全按照投资计划去执行。经过多次的锻炼，人们可以在这种严格遵守的行为模式中强化意志力。

需要注意的是，意志力的强弱通常和个人的状态有关。当人们的状态非常好时，头脑比较清醒，做事情很有章法，信心十足，不容易被一些暂时性的困难干扰。而当个人的身体和精神都处在一个较差的状态上时，人们往往会出现意志力薄弱、意志力不坚定的情况。这个时候，外界环境的变化就会影响个人的自控能力。所以当人们真的在创业或者投资过程中遭遇了什么问题，先不要着急去做判断，而要想办法让自己冷静下来，如果条件允许，还是需要给自己几分钟时间冷却一下，避免负面情绪对意志力造成很大的消耗。

# 第七章

# 提升风险抵御能力，为财富保驾护航

# 保持理性，拒绝感情用事

如果对中国的大部分投资者、创业者、普通工作者进行调查分析，相信很大一部分人在做出投资或者择业选择时，都比较盲目和感性，他们往往是想到了就去做，碰到了就去投资，听到了就急于跟进。以中国的股民为例，真正具有投资能力，熟知投资理念和炒股技巧的人只是很少一部分，多数投资者还是处于一种感性投资的状态，有很多人甚至在接触股票的一分钟内就会做出购买的决定。而这样的感性和疯狂举动，往往会带来投资的失败。

在一个人人都想着投资的时代，大部分人仍旧缺乏理性意识和科学合理的操作能力，整体的投资还停留在感性投资的层面，其中最常见感性投资情况的就包含了以下几种。

## 一、过度自信

投资专家约翰·诺夫辛格在《投资心理学》一书中就提到一个观点：人们总是倾向于高估自己的能力，以欺骗自己并达到欺骗他人的目的，

确保自己可以在竞争和进化中获得更多的生存机会。在投资方面也是如此，很多投资人都会认为自己有掌控一切的能力，能驾驭好当前的投资项目，因此他们很容易头脑发热，快速做出投资决定。

**二、盲目跟随**

当一个项目被越来越多的人吹捧时，投资人的第一想法就是“这是一个很好的项目，别人在做，我也要去做”。同样地，当很多人都在某个项目中获得收益的时候，投资人自然而然地会认为“这是一个有利可图的项目”，于是奋不顾身地跳进去。

**三、情绪化投资**

很多投资者无法控制好自己的情绪，当周边的人都在投资或者鼓动他们进行投资的时候，就很容易冲动行事。此外，当个人在其他投资项目上小有成就或者拥有成功的经验时，就会自豪不已，选择冒更大的风险进行投资，但事后往往又会后悔。而在一些接二连三失败的项目上，他们会觉得遗憾，因此总是想方设法进行弥补。这些都会导致人们在投资时失去理性，短时间内就做出投资的决定。可是，事实上，好的投资机会和好的投资项目往往很难遇到，而且需要花费大量时间和精力去搜寻，还需要通过大量的科学分析和资料来论证，绝不是简单的数据和模型展示就可以呈现出来的。

投资者应该明白，市场本身具有蛊惑性，数据也具有很强的欺骗性，

财务报表和专家的指导，往往具有很强的主观因素，不可完全相信。如果投资者不能对这些资料进行理性分析和判断，就很容易被市场打败。

很多投资人在看完股市分析频道之后，可能就会立即兴冲冲地购买专家推荐的股票；也有一些人在查看一只“绩优股”还不到一分钟的时间里，就大举购入这只股票。这些都是不合理的投资，或者说更像是在玩一个不负责任的游戏。感情用事是投资的大忌，任何一个决策都可能因为感情用事而造成不良后果。

真正的投资应该是理性的，应该建立在科学分析的基础上。一般来说，人们在选择相关工作或者进行项目投资之前，需要花费大量时间和精力打好基础，确保决策的合理性。对于那些顶级的投资人和企业家来说，他们往往会谨慎对待自己要做出的那些重大决策。他们认为，任何投资决策都应该建立在一个科学分析体系的基础上，只有掌握的信息越丰富，分析得越透彻，才越能找到价值回报率高的投资项目，也才能更好地规避潜在的风险。

投资人查理·芒格在一生中，只做了少数几个投资，比较大的投资项目也才三个：伯克希尔·哈撒韦公司、好市多以及与中国投资人李录合作的基金。他终其一生都在利用自己的知识构建投资的思维模型，寻求投资的机会，但有时候几年时间也无法确定一个投资项目。在他看来，自己绝对不能把机会浪费在那些无足轻重的小项目上，也不能随便就浪费在那些错误的决策上。

另一位顶级的投资大师彼得·林奇则是一个工作狂，他每天会走访

很多客户，搜集一大堆的公司资料，并花大量时间和精力进行认真分析。通常情况下，他不会贸然购买某一只股票，也不会轻易就被某一家公司打动，数十年如一日的资料收集、整合与分析工作，成了支撑他做出更多正确决策的关键。和华尔街很多主观性很强的投资人相比，彼得·林奇是一位真正意义上的理性投资人，甚至很多人认为他把投资工作当成了苦行僧的修行。

相比之下，很多普通的投资者显得过于冲动，他们经常会被一些表面的数字所诱惑，像公司的财务报表、股票的增长曲线、专家的市场预测、频繁的广告营销，以及一些所谓的内幕消息。合理的投资流程，必须包含复杂烦琐的分析工作，必须要获得更多客观的、科学的、详细的数据和证据。那么，投资人或者创业者究竟应该如何做好分析工作呢？

首先，要对项目进行分析。投资者或者创业者需要明确几点：自己对相关的公司和项目是否了解？是否认真观察和分析过相关产业的发展情况？是否对搜集到的资料进行了独立分析和审核？是否独立分析了潜在的收益和风险？

其次，要对自己的实力进行分析。投资者或者创业者应该保持清醒的头脑和出色的自我认知能力，看看自己是否有信心完成这项投资或者投资好这个项目，弄清楚自己完成这个项目所需要的能力和资源，而自己是否具备这些资源。

在分析的过程中，保持独立性很重要，这是避免个人被他人诱导或者受到他人情绪影响的前提。只有经过独立思考和分析，人们才能真正做

出理性的判断和决策。

除了做好分析之外，还有一点也很重要，那就是尽量给自己设置一个安全阀门，确保自己在做出错误决策的时候能及时制止。通常情况下，给自己设定一个冷静期或者审核期非常重要。比如有的决策者在产生投资意向之后，会给自己留出一段时间缓冲一下。在缓冲期，人们的大脑会逐渐冷静下来，对之前的一些决策重新进行分析，避免被错误牵着走。还有一些人会给出一个审核与逆向推演的机制，确保在真正执行之前对自己的投资方案和决策进行审核，看看它是否真的合理。

总的来说，人们必须记住一件事，投资越是想得简单，越是冲动行事，就越容易遭遇失败。保持理性的分析和理性的审核，才能真正把投资项目做大做强。

# 面对持续性的失败，要及时止损

在经营一个项目时，如果接连失败了5次，你还会继续下去吗？如果这个数字是100次，那么又是否值得继续坚守呢？或者说，当一个项目持续出现亏损时，人们是否应该及时放弃这个项目，是否应该选择新的目标？

面对持续的失败和亏损，是继续坚守还是主动放弃，似乎永远都是一个大难题。许多人坚持认为，要从失败的地方站起来，只要坚持下去，总有一天会迎来转机。另外一些人则认为，当一个人不断遭遇失败的时候，往往意味着要做出改变了，人们应该勇敢地正视自己的错误，选择主动放弃。这两种说法的合理性其实都建立在一些特定的条件上，而且都有一定的道理，但是抛开哲学理念，仅仅从经济学的角度来说，坚持在一个反复失败的项目上投入，并不是明智的决策。因为任何一次失败都意味着成本的消耗，失败的次数越多，意味着投入的成本越大。

在20世纪80年代末期，很多人都非常看好美国航空业的发展，于是疯狂购入大量的股票，可是不久之后，美国航空业内部定价不规范以及

整合运营困难的问题接连爆发出来，股价开始持续下跌。此时很多股民其实已经察觉到手里股票的价值已经比不上当初的收购价了，而且按照舆论的持续发酵，美国航空业的股价还会继续下跌，甚至有可能出现大跌。但很少有人愿意抛售手里的股票，他们都认为此时抛掉股票就会产生亏损，这并不合算，所以一拖再拖，并期待着美国航空业可以扛过业务低谷。

到了20世纪90年代，股民们没有等来好消息，反而迎来了美国航空业的破产潮。虽然政府积极干预和管制，确保了破产企业能够继续运营，可是也促使破产公司铤而走险，试图通过不正当的定价策略东山再起。而这一个策略直接导致更多的公司被拉下水，股价一跌再跌。情况正在慢慢失控，股民们心急如焚，但他们面对越来越多的亏损，更加失去了抛售股票的魄力。结果到了1995年，一些支持不住的富人只能选择以50％的价格割肉[①]止损，而更多的股民则在持续的坚守中遭遇破产。

很多人之所以不愿意及时止损，就是因为止损就意味着之前的所有投入正式作废，意味着人们需要寻求新的成本投入模式。正因为如此，多数人会不断提醒自己“如果现在抛售，之前的损失就拿不回来了，不如等等看，也许奇迹会发生”。这种思维模式就是典型的对沉没成本（已经产生的成本，与当前决策无关）的恐惧与不舍。这种恐惧和不舍会促使他们努力想要得到补偿，殊不知，盲目的坚持只会产生更多的消耗，毕竟随

①是指高价买进股票后不断下跌，为了避免继续产生损失，选择以低价赔本的价格卖出股票的行为。

着失败次数不断增加，沉没成本也会不断增加。

在这一方面，拥有穷人思维的人和拥有富人思维的人往往有着截然不同的理念。拥有穷人思维的投资者可能更加看重如何弥补当前的利益损失，即便机会渺茫，他们也愿意继续尝试。而拥有富人思维的人往往具有更加理性的判断，在行情不好的时候，面对不断堆积的成本和损失，他们想的往往是如何止损，对他们来说接下来的发展才是最重要的。

比如同样是成立一家工厂，当投资者建好厂房之后，发现市场上的同类产品行情大跌，此时生产产品大概率会面临亏损。面对这样的情况，有穷人思维的人可能会选择赌一把，因为自己一旦放弃就会前功尽弃，他们不舍得建厂的成本打水漂。而对于富人来说，他们更愿意放弃，他们重点计算的是继续开工所增加的成本。

其实，无论是做生意也好，还是创业也好，失败和亏损都不可避免，人们需要对其保持乐观的态度。不过，乐观同样需要建立在理性的、科学的判断基础上，需要构建在严谨的数据分析基础上。通常情况下，人们需要时常计算自己在失败中继续坚守的成本，需要估量自己的成本消耗是否与最终的收益相吻合。如果成本明显高于收益，那么这个投资就要果断放弃。而在那些持续性的失败和亏损当中，成本消耗可能会累积到一个难以承受的高度，如果不能及时止损，亏损的额度大概率会失控。

对于遭受持续亏损的人，也许更加需要掌握富人的止损理念以及相应的止损方法：

方法一：减少投入，选择观望

当亏损产生的时候，投资者要做的就是控制好继续投入的冲动，做好数据分析工作，并对接下来的形势做一个基本的观察。因此，有必要停下来保持观望，如果行情弱势，持续下行，那么就要停止投入，或者直接止损退出。一般来说，一些起伏不定的股票，适合观望，并应尽可能掌握股价变化的趋势。

方法二：设定止损点

任何一个投资人都有可能遭遇严重的亏损，在决定是否应该止损时，最好预先设定一个最大亏损目标，即止损点。没有超过止损点划定的界限，那么就没有必要立即做出止损决定，而一旦亏损突破了界限，就意味着已经突破了自身的承受能力，此时应该及时止损。一般来说，止损点可以按照亏损的百分比来设定，比如当亏损达到20％或者40％时，就需要止损；也有一些人会设置时间，比如3天内亏损20％就选择止损。

需要注意的是，当达到止损条件时，必须当机立断，在第一时间选择止损，不能有任何的迟疑。很多人设定了止损点，可是事到临头往往会犹豫不决，总是期待着能够发生奇迹，这样做只会导致亏损更大，而且会对之后的投资产生消极影响。

## 不要想着什么最挣钱，要看什么适合自己

假设有三个投资项目：项目A的专业等级很高，但是收益很大，可以年入2000万元；项目B的专业性也比较强，年入800万元；项目C专业性一般，年入200万元。那么大家会如何做出选择呢？

可能50%以上的人都会想着投资项目A，原因很简单，项目A的潜在收益最大，是最容易挣到大钱的项目。对于多数人而言，挣钱是终极目的，也是最直接的目的，相比于其他类型的价值收益（诸如名声、地位），项目A的盈利无疑是最具诱惑力的。商人和资本的这种逐利特性使得人们在投资方面更多地趋向于“这个会带来多少收益”，而不是“这个适不适合我去做”。

比如，中国最近两年最火爆的产业一定非直播莫属。据统计，2020年中国在线直播用户规模达到了5.24亿人，其中淘宝是直播最火爆的平台。淘宝在2020年直播数超2589万场，全年上架商品数更是超过了5000万件，在线活跃的主播超过了63万人，淘宝直播因此成为首个爆发式新经济。直播带货可以依据流量和粉丝创造惊人的销售额，有不少主

播在直播中迅速积累了大量财富，但是真正能够从直播中挣到钱的人并不多，多数主播都成了行业疯狂增长的陪衬。

之所以会出现明显的两极分化现象，就是因为直播是一个门槛很低的行业，没有学历要求和专业限制，大多数人都可以从事直播行业。正是因为如此，导致很多人都将注意力放在直播领域，而忽略了自己是不是真的适合做这个工作。

在其他行业也是一样，多数投资者、创业者以及上班族都将收益当成唯一的标准，却没有想过自身的匹配问题，这是人们无法在工作中获得突破的重要原因。而那些成功者都会有一个合理的规划，他们会对自己的性格、专业、资源以及所处环境进行全方位分析，然后列出各种有潜力的项目一一对照，看看自己最适合做什么。在他们看来，只有找到和自己最匹配的职业，才有更大的概率在工作中脱颖而出，而这恰恰是穷人最需要借鉴的一点。

那么究竟应该如何选择和自己匹配的工作呢？穷人又该如何定义这种匹配性呢？

## 一、在专业领域内进行投资

有人曾经询问查理·芒格成功投资的重要秘诀是什么，芒格非常严肃地做出了回答："要清楚自己的天资才智在哪里。如果你去玩一个别人有天赋而你没有的游戏，那你就会被打败。要找到你能胜出的领域，然后在你自己的能力范围内奋斗。"无论是什么投资，人们如果想要提升自

己投资的胜率，确保自己有稳定的收益，那么就要在自己最擅长的领域内进行投资，这样才能发挥出自己的优势，对投资项目进行完美掌控。

如果对世界上最成功的企业家和投资人进行分析，就会发现他们都在做最适合自己的生意或者投资，都在一个能够发挥出自身价值和实力的岗位上工作。也许其他领域的工作利润更高，更容易挣到大钱，但他们可能对相关的业务并不熟悉，也无法顺利对这些项目进行操作。而那些在投资中经常失利的人，很多人都在盲目追求那些所谓的热点项目和最容易挣到钱的项目，最终却在发财梦中折戟沉沙。

比如目前最火爆的互联网就是投资的热点，无论是之前的电商、社交软件的开发、互联网带动的共享经济、互联网游戏、互联网外卖、互联网教育、互联网家装……都曾引发了投资热潮，但是潮水过后，裸泳的企业留下了一大片。从2015年开始，互联网家装业务异军突起，当时一度有123家公司拿到了融资，发展形势非常火爆。可是到了2018年上半年，全国倒闭的家装公司已超过100家，而这些倒闭的公司基本上都不是专业的家装公司。

**二、选择符合个人经济条件的项目进行投资**

投资项目的选择多种多样，从投资选择上来说，每一个人都是自由的；但从客观原因来说，投资人必须了解自己的经济条件是否能够支撑起这样的投资项目。也许每个人都想着像巴菲特那样挣到巨额财富，收购那些有潜力的公司，也都想着可以像贝索斯或者马斯克那样投资未来

科技，但并不是每一个投资人都具备这种投资的经济实力。那些动辄获益几百亿几千亿的项目，实际上往往需要百亿级别的资金来支持，而多数人根本没有这样的经济条件来运作那些大项目。所以，投资人在选择合适的项目之前，应该分析自己的经济条件，看看自己适合做什么层次的项目，看看自己能够运作多大规模的资金，从而确保自己对项目的掌控力。

### 三、选择自己有时间和精力进行管理的投资

在选择做任何一件事时，时间和精力都是必须要考量的因素，如果单纯地想做一件最挣钱的工作，而不顾及时间和精力，那么可能会和自己的生活或者主业产生冲突。一些家庭主妇同样可以选择工作，但是她们不能像其他人一样每天都工作8小时；很多想做副业的人同样不能选择一些耗时耗力的工作，因为主业可能已经消耗了大半的时间和精力。对于人们来说，如何协调好个人的时间和精力，提升单位时间的价值，并且协调好各项工作与生活的平衡才是最重要的。

### 四、选择自己感兴趣的事情

如果说选择专业内的工作是为了提升投资的效率和成功率，这是符合客观需求的一种选择，那么做自己感兴趣的事情更像是一种主观意愿的满足，它的出发点更像是为了迎合个人好奇心和兴趣爱好。虽然如此，但做任何事情都需要兴趣，这是持续产生工作热情以及长时间保持专注

的关键。如果对自己的工作不感兴趣，缺乏热爱，那么很难将工作做好做精。投资也是一样。通常来说，那些真正对投资项目感兴趣的人，更愿意付出精力去精进自己的业务。

在以上这些匹配要素中，能力匹配是核心内容，也是基础，其他的匹配要素则强调个人的投入程度。毕竟没有时间保障，没有经济基础，没有个人的情感取向，个人是无法全身心投入工作当中去的。它们共同构成了经营和投资所需的辅助条件。

## 保持简单的风格，但不要把问题想得太简单

在很多时候，人们经常会将简化风格与“事情很简单”画等号，但两者其实是完全不同的概念。简化风格通常是指人们对于自己遇到的问题，会想方设法运用最简单的方法和模型来解决它们，包括构建简单的结构，使用简单的方法，打造简单的模型，挖掘简单的逻辑与规律。但简单化并不意味着把任何事情都想得简单。简化的行为模式有助于提升工作的效率，有助于掌握事物发展的内核与规律，可是如果人们想当然地认为某件事情很简单，那么通常很难做好这件事。

在最近两年，短视频直播是最大的创业风口，一批非常优秀的主播率先脱颖而出，成为了行业的领路人甚至是业内标杆。见此情景，很多人投身直播行业，在他们看来，直播并不难，与其他行业相比几乎最为简单，谁都可以去做。

——“直播是最没技术含量的，自己也会”

——“我还以为有多么高大上呢？原来不过如此”

——“就这样操作的话，我觉得我也行”

——“哪天我也开个直播试试”

——“我先了解一下，然后也去开直播”

——“目前想不到什么可做的，不如做直播吧”

——“先别急，等我开个直播，也给你带带货”

在多数人看来，直播就是一个非常简单的工作，只要有手机，只要有麦克风，只要站在镜头前开着滤镜说几句话，然后介绍产品或者同粉丝聊天就行。因此，几千万人涌入直播行业当主播，但低门槛并不等同于简单，任何工作和行业都有其运作的规律，并不是所有人都可以完美掌握运作的精髓。这也是几千万的主播当中，只有极少数人能够依靠直播真正实现财富自由，绝大多数人收入微薄的原因所在。

为什么看起来操作简单的直播很难真正成为大众化的创业项目呢？一方面是因为低门槛带来的激烈竞争，另一方面就是因为多数人都不知道如何真正当好一个主播。比如，很多人只是认为直播需要简单说几句话，或者将产品展示给粉丝看，但如何才能吸引粉丝，如何创造更多的流量，却并不清楚。简单来说，直播凭什么吸引大批粉丝的关注，又凭什么让粉丝买单？主播如何表达才不会让人反感，如何表达才能引起粉丝消费的欲望？建造一个庞大的粉丝群，平时又要如何去正确运营，才能保证这个群体不会解散，粉丝不会流失？

直播场景的布置可以做到简单，直播的解说词可以做到简单，直播的

故事架构和营销模式可以做到简单，但直播的每一个细节，每一个环节都讲究技巧，这些技巧并不像这个行业呈现出来的那样简单。

同样地，几年前当很多人依靠电商发家致富的时候，也有一大批人觉得电商经营非常简单，看起来没什么科技含量，虽然互联网操作听起来高大上，但是操作起来也就不过如此。当多数人都这么看的时候，电商行业越来越兴盛，可是真正挣到钱的人并不多，依靠电商积累大量财富的人只有很少的一批先行者。如果再往前推，就会发现服装生意、家电代理、奶茶店加盟都存在类似的情况。一大批外行人总是表现出“能够轻松应对的姿态”，他们把经营管理的流程想得太简单了，把操作方式也想得太简单了。

还有就是所谓的富人思维和成功学理论，它们更多的是一种经验提炼，在具体操作的时候还是比较复杂的，人们不能因为了解了这些理论和基本的操作方法，就觉得自己可以成为亿万富翁。就像人们学习巴菲特的投资理念和贝索斯的经营管理模式一样，掌握这些理论并不困难，可是在实践中想要产生明显的效果并不容易，多数人所强调的“不过如此”其实是一种肤浅的自我认知。

很多时候就是这样，人们很容易沉浸在自我感觉良好的状态中，总是觉得自己可以轻松解决一切，觉得别人在做的事情一定很简单。人们往往只了解一个大概的流程，只了解一些基本的运作模式，就觉得自己可以完美操控一切，却不想错误地估计了经营的难度，错误地估计了潜在的风险，尤其是面对一些陌生的领域和工作，面对一些自己未接触过的新事物，更是经常忽略那些风险。投资专家约翰·诺夫辛格曾经做过分析和总结，认为多数投资人之所以会认为投资很简单，就是因为人们的认知能力（记忆力、注意力以及处理问题的的能力）一旦受到限制（知识储备不足引起的），就会迫使大脑对复杂的问题进行简单化分析，因此人们往往很容易在一些不了解的事情上产生“这很简单”的奇怪想法。

做人要有信仰，其中一个信仰就是心怀敬畏，人们对自己不了解的东西一定要有敬畏之心。穷人通常缺乏挑战精神，却在很多陌生领域表现得无畏，这种无畏并不是自信，也不是乐观，更多的是一种盲目和无知。而正是这种无知的存在，使得多数人都难以成为行业内的精英。事实上，没有一件事情，也没有一项工作是简单的。人们需要保持谦卑的态度，保持清醒的头脑，还要学会挖掘和认识自身的不足，用学习的姿态去面对新事物，并保持应有的敬畏之心。

通常情况下，当人们准备做事或者接触一个新事物时，不要轻易去评价它们的执行难度，在此之前应该花更多的时间和精力去了解它们。弄明白它们是如何顺畅运作的，搞清楚它们如何运作才能产生更大的价值，这样才可以尝试着去做。

人们还需要保持学习的态度，认真向那些成功者和前辈学习，重点学习它们失败的经验教训，只有了解风险在哪里，才能更好地规避这些风险。

除此之外，人们还要有清醒的自我认知，了解自己的缺点在哪里，是不是适合做这项工作。如果要做这个工作，看看哪里需要重点进行改进和提升，看看自己需要具体防备哪些问题的出现。

# 站在更高的维度上看待投资

在物理学和天文学中，维度是一个非常重要的概念。一般来说，一个点由于没有边际和大小，就被称为零维度空间；一条直线指出了方向，就构成了一维空间；一横一竖两条线相交构成的平面就是二维空间；三维空间就是立体空间，人类就生活在三维空间中；三维空间如果加上一条时间轴，就变成四维空间，人类生活在四维空间的一个截面中，只能看见当前的自己；在四维空间基础上加上另一条时间线就变成五维空间。通常来说，维度越高，整个宇宙体系就变得越复杂，而从高维度空间往低维度空间看，往往可以清晰地了解低维度上发生的一切，可以说高维度就代表了更高的视野。

维度的概念同样可以运用到现实生活中，比如在投资中，就存在思维维度。一般来说，思维维度越高的人，在投资方面越能掌控全局，越能把握投资的要领和机会。

在一维的投资世界中，投资者只有单一公司的概念，并且坚信“好公司等于好投资”。他们不会分析投资环境、行业发展的状况，以及公司未来的发展趋势，而是单纯地认为一家好公司就会一直好下去。他们并没有关注股票的价格是否合理，只是单纯地认定无论什么价格，它还会继续上涨，只要它是一家好公司。

二维投资者在明确公司的概念时，加入了价格的元素，这个新的思维维度会确保投资者找到那些股票价格与实际价值之间形成的价值洼地。简单来说，投资者会看好那些价格不高但价值很大（上涨空间很大）的股票，通过购入股票来赚取买入和卖出的差价。事实上，投资者愿意相信自己手中购买的股票能够以更高的价格卖给其他人，而接盘股票的人同样相信这些股票还会继续涨价。然而，股票的价值和公司的价值是有限的，当价格抬升到一个临界点时，最终会因为缺乏吸引新的购入者而下跌。这就是二维投资者坚信的博傻理论，他们总是期待着下一个傻子以更高的价格购买自己的股票。

三维投资者为了避免成为接盘侠，开始将视线放在公司以外的事情上，这个时候公司和价格的因素开始同外部环境这个维度结合起来。比如，很多二维投资者会看好煤炭行业，他们会选中一家规模很大的公司，然后以低价购入部分股票。这已经完全符合“好公司、好价格”的投资标准了，但是煤炭行业本身已经很不景气了，作为工业时代的旧产业，煤炭行业的股价并不具备什么上涨空间，反而最近几年一直都在下跌。购入这样的股票，很有可能会因为股价持续下跌而被套牢。三维投资者则会将产业环境和行业发展现状进行理性分析，他们不会轻易投资那些看起来发展环境很糟糕的项目，即便股价真的具有很大的吸引力，就像很多互联网巨头和新兴科技公司不会将注意力放在不景气的纺织行业或者铁矿开采项目上一样。

但是三维投资同样具有一些缺陷和局限。三维投资者容易犯下“一刀切”的毛病，而且可能会因为误判而失去商机。2001年，互联网行业进入全球性的衰退中，大量的互联网企业破产和倒闭，很多投资者因此毫不犹豫地撤出了这一领域，将手里的资金转移到了房地产及其他传统行业中。可是在2003年之后，互联网开始恢复生机，许多互联网公司迅速发展和壮大，并在短时间内出现了一大批超级公司，那些坚持继续投资和持有互联网公司股票的投资者获得了几十倍，几百倍的回报。那么他们为什么愿意坚守阵地呢？原因就在于他们始终用发展的眼光来看待自己的投资，一时的起伏并没有成为主导他们做出投资决策的关键因素，公司和行业的长期发展态势是他们更看重的一个维度。这就是四维思维，它在三维思维的基础上纳入了时间这个维度。

如果站在四维思维的高度上来看，就可以更加清醒地知道什么项目值得投资，什么项目具有持久的投资空间。同样地，站在三维思维的高度上，就能明确地知道哪些项目是好项目，哪些公司的发展环境很不错。而站在二维思维上，就会发现很多所谓的好项目、好公司，其购入价格太高，不适合投资。

在现实生活中，很多人都停留在低维度的投资思维上。互联网项目投资好不好？答案是肯定的，迄今为止，很多互联网项目仍旧称得上好项目。但是很多投资者蜂拥而入，却忽略了不少互联网公司的股票价格已经严重虚高，根本不适合投资。这就像一只上限为34元的互联网公司股票，人们花33元的高价购入，显然已经没有多少价值可挖掘了。

对于投资者或者创业者来说，项目的选择不能停留在低层次的维度上，而应该想办法站在更高的维度上进行分析，查看当前的项目发展情况，审视自己的投资决策是否合理。很多人不能真正做到四维思维，毕竟只有少数顶级的投资大师才可以从容地站在高维度思维上做出合理决策，多数人的投资思维可能只停留在二维或者三维的层次上，但即便如此，也要尽量站得更高。

比如，一个投资人准备在山区养猪，在他看来养猪的利润很大，发展前景良好，是一个非常好的项目，所以他筹集了50万元办了一个小型养猪场。几年以后，养猪生意越做越大，他想拓展自己的养猪规模，而朋友则告诉他还可以适当养鸡养鸭，增加养殖业的项目，从原来的一维变成二维。很显然，朋友认为丰富自己的项目，拓展养殖的宽度，不仅可以创收，还可以缓解猪肉价格起伏带来的风险。听从朋友的建议后，这个养殖户很快就建造了鸡舍鸭舍，开始养殖禽类，生意果然非常火爆。一两年之后，由于品牌越做越大，朋友认为单纯的养殖可能影响力非常有限，想要更好地带动产业发展，最好打造一个生态农庄，同时在城市里开几家餐馆、肉类超市和肉类加工厂。这样就可以把单一的养殖做成一个立体的产业结构。按照朋友的提示，养殖户很快就开始布局自己的养殖生态系统，稳定了自己的投资，收益也很可观。

在这里，投资者每走一步都是按照更高层次的思维来指引的，这也是投资者需要掌握的一个技巧。借助更高层次的维度优势来分析形势，才可以在投资上避开更多的风险，同时掌握投资增值的密码。

## 投入必须循序渐进，慢慢增加

2007年，美国次贷危机开始出现，下半年的时候股市开始变动。而这段时间，国际的黄金价格由于受到国债收益率下跌的基本面推动，以及全球股民和投资人避险情绪的影响，反而不断上涨，而且上涨的幅度很大。这样就吸引了很多投资者的关注。也正是因为如此，很多在股市中亏损的投资人开始加大筹码投资黄金，甚至不少人几乎将全部身家都用于购买黄金。

可是2008年，美国联邦储备系统开始积极救市，人们的避险情绪得到了缓解，黄金等贵金属开始大幅度下跌。那些此前疯狂购买黄金的人好不容易从股市中逃离出来，却不幸在黄金投资中亏得血本无归。

为什么看起来比股市要更加温和的黄金投资会出现这样的惨况呢？很大一个原因就在于人们的贪婪。多数投资人对于机会的把握总是很贪婪，只要觉得有利可图，他们就可能不断加大赌注和筹码，争取一次性获得巨额财富。就像人们发现一个非常好的项目时，就会过高地估计自己的能力和潜在的收益，在他们看来一次性投入100万元，和“从1万元开始投资，慢慢增加”的效果是不一样的，他们不会轻易浪费这样的资本增值机会。但是，很多投资项目可能并没有想象中的那样出色，而且市场上存在各种各样的陷阱，如果盲目地把钱全部投进去，就可能落入陷阱，难以自拔。

为了平衡好项目风险和项目收益，人们需要设定一个更加成熟的、理性的投资机制，在这个机制中，对于投入资本的控制必须做到位。一般来说，人们在看到自认为好的项目或者标的物时，首先要做的是保持克制和谨慎，尤其是面对那些自己不了解的项目，更要确保自己在做好充分的信息调查之前谨慎投资。投资虽然允许冒险，也允许那种立即拍板定案的大手笔投入，但对于多数人和多数情况而言，保持谨慎才是最合理的操作模式。

按照这样的投资策略，投资人最好先跟一段时间，观察它的发展模式，熟悉它的基本情况，掌握更多有价值的信息。通过观察和分析，人们如果意识到这是一个不错的项目，不用着急投入大笔资金，最好还是先控制好资金量，先从少量的投资做起，这样做的目的有两个：用少量资金试探这个项目的深浅，看看是否可以达到预期目标；用少量资金练手，积累投资经验，增强投资的技巧。当人们意识到少量投资能够取得预期回报，且该项目的发展与预期估计相差无几，那么就可以更加放心地增加投资。

比如买房，很多人喜欢把钱花在房产投资上，而合理的投资就是先买一个小户型的房子试试看，如果盈利可观，就可以选择入手更大的户型。

也可以先入手一套房子试探一下行情，等到达到了预期回报，然后在经济条件允许的情况下，慢慢增加手里的房产数量。在创业的时候，人们可以先选择投入少量资金，等到产生盈利且市场份额增加，品牌知名度增加时，再谋求一步步扩大。

保持循序渐进的投资策略很有必要，它是风险防御机制中的一个重要方法。不过，需要注意的是，这种循序渐进既追求单一投资数量的增加，也讲究投资种类的拓展。所谓的种类拓展，实际上就是投资种类的逐步多元化，比如人们可以先投资一只优质股票，然后在合适的时机慢慢增加投资项目；也可以投资其他公司的股票，或者慢慢扩展到贵金属、基金、理财产品、保险产品等项目上去，从而更好地实现风险对冲。一般来说实现风险对冲的投资项目不能太多，时间期限要设置合理，短期、中期、长期投资合理搭配起来，人们可以按照自身的情况进行具体的配置。

在风险对冲中，投资范围的扩大需要慢慢进行，人们最好不要一次性就投资多个不同类型的项目，因为在各种项目都不够了解的前提下，盲目扩张会导致资本、时间、精力的紧张，而这些都会明显放大投资风险。对普通人来说，任何一笔投资都最好先设定一个适应和探索的过程，而错开时间，采用循序渐进的方式进行投资，无疑能够更好地保证投资的总体收益。在打造家庭的资本结构时，对冲风险的资本设置更需要严格按照顺序和时间差来推进，它是维护整个家庭资产结构足够稳定、足够健康的关键。

总的来说，投资应该做到循序渐进、积少成多，稳中求胜才是多数投资人应该保持的一个投资准则。无论是创业，还是投资，人们都要注意控制好发展的节奏，都要掌握好扩张的幅度。

——从自己最熟悉且最有把握的项目开始，然后一边学习，一边了解，逐渐拓展到自己新接触的项目中去。

——先从少量投资做起，然后慢慢追加投资，做大项目，之后寻求投资范围的扩张，逐渐丰富自己的投资项目。

——先从风险较小的项目开始，等到时机和能力成熟时，慢慢选择风险大的项目。

除了以上几点之外，人们还需要注意一个问题，在拓展投资范围的过程中，如果更加侧重于风险对冲，那么就应该尽量多选择那些互不关联或者关联性不强的投资组合。因为关联性强的投资往往风险更大，比如有的人投资了物联网，那么在区块链方面就要尽量少投资或者不投资。

# 第八章

# 穷人变富的一些实用方法

## 采取蓝海战略，实现弯道超车

某商业街出现了一家粥店，短短两个月时间就把生意做得非常火爆，每天喝粥的人络绎不绝，大家需要提前预约才能喝到。不多久，离这家店铺不远的地方开了第二家粥店，并且重点推广养生粥，结果第二家店的生意非常好，每天都客人爆满。三个月之后，商业街上出现了第三家粥店，虽然是新开的店，但是由于本地的粥店非常有名，它也因此获得了不少客源。三家粥店基本上瓜分了附近的客户，大家都能维持不错的收益。

半年之后，商业街挤进了第四、第五家粥店，这个时候大家的生意开始变得有些紧张，前面几家店也不再像过去那样客人爆满，但大家也还能维持正常运营。眼看着有利可图，第六、第七、第八家粥店也加入战局，原本的商业街基本上变成了粥街，大家的生意进一步被瓜分，营收越来越少，甚至出现了明显的亏损。为了拉拢客户，后面加入的粥店只能采取价格战，通过不断降价来赢得客户的认同。而这引发了其他粥店的不满，它们也开始纷纷降价，一些进入市场较早且规模较大的粥店对

后入者更是进行疯狂压价。

这样的情况几乎在所有行业都存在，可以说是市场的一个普遍现象，而造成这种困局的原因就是盲目进行投资，大量跟随性的投资导致市场快速饱和，最终引发了行业内普遍的生存危机。一般来说，容易造成市场饱和的行业都有这样的特点：门槛低，收益高。这是引发资本盲目涌入的一个前提。如果对那些容易饱和的市场进行分析，就会发现它们无一例外都存在这样的情况。这些所谓的热点项目的准入门槛都非常低，只要有足够的资本，就可以进入市场操作，像以前的服装加工厂、模具制造（高精尖的模具除外）、能源开采、互联网行业中的共享经济、物流、线上教育，以及农村的经济作物种植等。由于它们都没有太多的科技含量，很多行业之外的资本疯狂涌入，最终导致大家只能在红海中生存。

另外，投资人普遍缺乏投资意识，不具备专业的操作能力和市场的预判能力，也是导致这种困局的一大原因。很多投资者对于自己应该投资什么，市场需要什么，市场的发展状况如何，往往一无所知，在很多时候，他们仅仅只是跟着热钱走，大量狂热的短期资本走向哪里，他们就会将资金投向哪里。这样的投资基本上很难挣到钱，而且容易面临亏损。这类投资人一开始具有明显的投机取向，而且习惯了采取红海战略，即在已知市场的既定规则中和竞争对手惨烈拼杀。这里看重的就是弱肉强食，以大欺小，他们并不在乎自己是否能把握机会获得成长，重要的是要阻止竞争对手抢夺机会和获得成长。在这种竞争模式下，往往只有规模大、优势大、专业化的竞争者才能生存下来。

而资金有限的本身就是竞争的弱势群体，他们缺乏充足的资源来运作，在红海中很难击败对手，也很难长久地生存下去。比如在农村市场，有人种植草药赚钱了，就会有大批农户跟风种植，导致市场饱和而打价格战。经济条件有限的散户很难长久维持这种低价模式，因为那些种植大户或者种子公司完全可以依靠规模化种植来降低成本，而且资金充足的他们有足够的能力打持久战。于是，用不了多久，农户就会因为无利可图而自动退出市场。

相比于红海战略，更适合他们发展的其实是蓝海战略。韩国经济学家金伟灿在2000年出版了《蓝海战略》一书，最先提出了这个概念。所谓蓝海战略，简单来说就是开拓新市场，从原有的竞争需求转化到买方需求中，把挖掘和创造市场需求作为发展的目标。比如，几家公司竞争某城市的公交车订单，为了赢得相关单位的关注，几家公司只能选择通过降价的模式来赢得订单。而这样做只会不断压缩自身的利润，因为竞争对手也会不断降价，这样会产生一个恶性循环。一家聪明的公司认为，公交车的使用时间很长，维修的成本会超过购车成本，因此降低维修费用才是真正值得关注的需求。于是，他们推出了玻璃纤维车身的公交车，将公交车的维修成本一下子降了很多，最终赢得了客户的认同，一举拿下大批公交车订单。

如果说红海战略是硬件实力的直接碰撞，那么蓝海战略则更加侧重于避其锋芒。在资金有限者的投资模式中，蓝海战略会是赢得发展空间的一个重要策略，因为蓝海战略的主要内容就是开辟新的经营模式和服

务模式。传统的经营模式和服务模式，更多的依靠资源来支撑，资源优势更大的一方在经营和服务上会有更多的优势。如果改变经营模式，创新地加入一些新的元素，改变经营结构和营销方法，改变服务体系，挖掘客户的新需求，就可以有效开拓新的市场。像电商的出现以及互联网在各行各业的拓展，都是经营、服务模式的颠覆，它们最大的优势就是借助新的方法、新的平台、新的模式、新的规则、新的技术。蓝海战略的本质就是直接避开竞争，另辟蹊径，挖掘新的需求，开拓属于自己的市场。

比如，很多地方的农户都在种植葡萄。传统的经营模式是吸引客户购买葡萄，可是葡萄种植户一增加，葡萄的价格往往就会下降。这个时候，有的人开始主打果园采摘业务，将葡萄的品尝和摘葡萄的体验结合起来，很快拉拢了一大批顾客。可是时间一长，这种采摘园会越来越多，大家会再次因为竞争原因采用低价策略，那些小规模种植的散户基本上便没有了出路。此时有的农户想了一个办法，直接摒弃了种葡萄卖葡萄的理念，将葡萄园进行整改：抬高葡萄架，将葡萄树修剪成园艺品，用枯掉的葡萄树枝制作躺椅、桌子和小木屋，最终反而变成了网红打卡点。这样就对原有的经营理念造成了颠覆，此时前来的顾客不再是为了买葡萄摘葡萄，而是为了旅游。

除了对经营和服务理念进行颠覆之外，对于行业新市场的开拓也是一个重要的方式。比如，很多地区会形成单一的产业，要么全部种植水果，要么全部种植粮食作物，如果有人选择种植药材或者成立加工厂，打造

新的产业项目，就会错开内部的竞争。一些商业街上同样存在类似的情况，当大家都在卖衣服的时候，选择其他有特色的的经营项目，可能就会创造更大的发展空间。

需要注意的是，蓝海战略并不是万能的，因为当一个新产业或者新项目获得发展之后，往往就会吸引大批竞争者进入市场，此时蓝海就会慢慢变成红海，人们不得不重新面对激烈的竞争。因此，资金有限者必须确保自己能够在新市场中成长为主要竞争者，建立先行优势，并积极扩大规模，同时保持必要的创新意识，努力寻求新的市场需求。

## 教育仍旧是低收入者提升最理想的出路

在中国的教育体系中，有几个非常重要的现象：第一个是学区房大涨现象，大家都在努力通过购买学区房来提升孩子的受教育水平；第二个是高考大战现象，高考可以说是多数学生的人生分水岭，因此家长迎考时也如临大敌；第三个就是疯狂报名补习班和培训班的现象，现在的家长似乎痴迷于给孩子报各种补习班和培训班，全方位地包装和提升孩子。

这些现象可以归结为父母对子女教育问题的重视。很多家庭会将大部分资源放在子女的教育上，而低收入群体在该问题上的表现应该更为迫切一些，因为与高收入群体相比，他们对教育的需求更大，更需要借助教育来实现人生的翻盘。

但是也有许多人经常宣扬教育无用论，他们也许会说前世界首富比尔·盖茨为了搞Windows系统的研究和创业，选择从哈佛大学辍学的故事。可多数人不知道的是，比尔·盖茨后来又回到学校完成了学业。也有人会拿甲骨文创始人拉里·埃里森说事，认为这个人在耶鲁大学的毕业典礼上发表了大学教育无用论的狂妄演说，但事实上埃里森本人并没

有说过这些话。他虽然曾经也在大学退学，但那是因为他没有办法考到研究生，而且由于没有了大学文凭，他只能打工，日子过得非常苦。他在日后还颇有感触地劝告年轻人应该努力争取拿到一张大学文凭。

著名咨询公司麦肯锡的第二代领导人马文·鲍尔曾经是哈佛商学院的高材生，他在读MBA时，仅仅坚持了一年就打算辍学，因为觉得实在没有什么可学的。他在那个时候想去做律师，为此还特意拜访了校友阿瑟·安德森，希望对方能够给一些帮助。安德森是摩根公司的合伙人，深知教育的重要性，他觉得马文·鲍尔是在浪费大好的机会，于是当面进行了驳斥："年轻人，你要是不学完第二年，你这辈子都得向人解释你不是因为不及格被学校开除的。"

虽然存在一些不公的现象，但是相比于其他渠道，教育仍旧是最公平的。教育资源虽然向高收入群体倾斜，但是教育机会实际上还是相对平等的，每个人都有接受教育的权力，也都可以借助教育来改变自己的命运。将教育剔除个人的成长计划之外，只会严重影响个人的正常发展。

随着社会的进步和发展，越来越多的农村孩子可以通过高考来改变命运。考上大学对于农村孩子来说，就是人生命运的转机，尽管他们在毕业之后还要面临就业问题，尽管很多人仍旧无法像富人家庭的孩子那样获得丰厚的社会资源，但至少已经拥有了留在城市生活的机会。

现如今，国家除了普及九年义务教育之外，一直在大力提倡更多的人接受高等教育。国家给予了农村教育更多的经费，免除了义务教育阶段的学杂费，还为贫困家庭提供了更多的补贴，这使得更多的贫困家庭的子女有机会接触更高层次的教育。30年前的农村父母可能对孩子没有“你非要上学”的要求，出生于贫困家庭的孩子可能会失去上学资格；20年前的农村父母会积极为孩子创造学习的条件，只要孩子想上学，父母就会尽量创造条件；10年前的农村父母对孩子的最基本要求就是上学，他们会想方设法送孩子去最好的学校，去接受更高层次的教育。现在，上大学成了很多农村父母对孩子的基本要求。

许多人会拿最近几年农村重点大学生的比例一直没有增加，甚至农村大学生比例不断下降的问题为由，对整个教育体系提出质疑。这是一个非常好的质疑，但不能成为农村家庭诋毁和抛弃教育的理由，因为农村大学生的数量一直在增加，重点大学生的数量也在不断增加，这些都是很好的现象。有关农村大学生比例下降的问题，和留守儿童的增加以及城镇建设带来的农村孩子入城学习有关，很多农村孩子变成了城镇户口，而留在农村的留守儿童则失去了更多的教育资源。面对这些问题，只能说农村教育还有待改进，但不能改变教育已经成为他们寻求提升、改善家庭经济状况的理想选择这一基本事实，毕竟越来越多的农村孩子就是通过教育得以进入城市，拥有更好的平台。

对于他们来说，教育就是一块敲门砖，必须好好抓住这个渠道和工具。贫困家庭的父母不能将九年义务教育当成一个基本任务来完成，而要制订一个更加长远的升学计划，平时要督促孩子认真学习，尽量为孩子创造机会接触更高层次的教育。贫困家庭的孩子必须意识到自己面临的困境，然后尽早建立起“知识改变命运”的意识，要激励自己用心学习，拿出双倍的努力去赢得更好的发展机会。

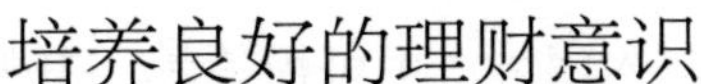

# 培养良好的理财意识

从财富的增长模式来看，想要让自己持续获得财富，首先要做的就是培养理财意识，通过理财来改变财富的配置模式和运作模式，拓宽财富的来源渠道，提升财富的使用价值。但很多人对于理财的认知仍旧停留在低层次水平上，真正的问题有两个：一个是对理财缺乏正确的认知，另一个是欠缺合理的理财实践。他们不知道理财会起到什么样的作用，不清楚理财真正会扮演什么角色，也不知道财富应该以何种方式获得。对多数人而言，理财仍旧是一个盲区，很多人将自己每天记录开支的行为当成理财，也有一些人觉得理财就是购买了银行的理财产品或者基金、股票。这些都是对理财片面的认知，这些理念会导致他们在理财行为上出现严重偏差。

如果进行观察和分析，就会发现普通人基本没有什么理财意识，他们的财务状况大都很混乱，而且明显不合理，具有较大的风险。比如，在过去很长一段时间内，可能大部分人仍旧将储蓄当成唯一的理财方式。而另外一群人正相反，很多“月光族”非常渴望发工资的那一刻，钱一到

手就很快花了出去，他们觉得钱挣到手了就是用来花出去的，因此基本上处于一种“挣三千，花三千，挣四千，花四千”的状态。

缺乏理财意识使得很多家庭的资产结构非常脆弱，一点突发状况可能就会导致整个家庭陷入困境。更可怕的是，由于长期依赖不合理的资产结构生活，家庭的财务状况迟迟得不到改善，使得财务风险居高不下。其实，真正的理财是一种财富的合理配置，简单来说就是将个人或者家庭的钱安排在最应该存在的地方：有的钱需要用来买房子，有的钱需要用于投资，有的钱需要用于储蓄，有的要用来买保险，有的要用作日常开支……总之，每一分钱都应该有自己的用处，每一分钱都要确保产生最大的效益。

很多人觉得低收入者就应该学会节约和储蓄，不存钱，万一出现了问题该如何去解决呢？实际上他们的资本结构比较单一和僵化，财富的流动性和灵活性非常差，这种情况下存钱可以用来应付小风险，一旦有大的风险，如一场大病、一场车祸、一次天灾，都可能将财富一次性榨空。但如果他们购买了疾病险和意外险，就可以最大程度地降低风险；如果他们还懂得拿出一部分钱去投资或者购买理财产品，会发现收益或许比银行存款利息高出不少。

有时候，人们不是因为钱少而不知道如何安排，而是因为本身就缺乏理财的意识和能力，才导致钱财不能得到合理的分配。不管钱多还是钱少，会理财的人总是能够找到增加财富的方法。例如，一个月薪只有4600元的普通工人，如果他拥有良好的理财意识，就可以尝试做一些

投资和资产配置：比如每个月生活开支800元，房租500元，银行存款1000元，购买理财产品500元（一年6000元），每个月保险100元（一年大约1200元的重疾险），每个月和同事一起炒股200元，每个月的社保300元（公司缴纳一部分），在工地附近盘下另外两套租房，每个月房租1200元（出租给其他工人，每个月赚取500元左右的收入）。此外，他还可以将自己和妻子几年存下来的十几万元，在工厂附近用来投资一家面馆，让家人一同经营打理。

通过这样的资产配置，这个工人的资产结构就变得相对合理了。利用有限的资本，他可以兼顾投资、储蓄、保险等多个方面，有效保证了家庭的营收和支出，也为个人的发展奠定了基础。

储蓄作为理财方式的一种，也需要讲究科学合理的配置。储蓄的钱占据家庭资产的比例是多少，多少钱用于定期存款，多少钱用于活期存款，多少钱用于大额存单，手里应该留出多少钱用于应急……对于有理财意识的人来说，他们能够从中找到平衡收益和风险的合理配置。

那么该如何培养理财意识，并打造合理的理财方式呢？

可以尝试从一些小的理财做起，比如给自己每一天的收入和开支记账，这种记账本的形式可以更加直观地表现出个人的财富流通情况。又或者可以适当拓展投资渠道，而投资金额一开始可以控制在一个非常安全的区间，比如花费月工资的十分之一或者二十分之一用于简单的尝试，包括股票、基金以及一些理财产品。在进行理财的时候，目前处于什么状态，资产结构是怎样的，个人的家庭营收与开支如何，人们可以通过

各种简单的理财方式来锻炼自己。我们要掌握整合资产的一些简单理念，慢慢积累资产配置的方法和经验，同时尽可能培养对财富的敏感度。

这是一个积少成多、逐步完善、逐步成长的过程，随着经验的增加和资本的积累，人们可操作性的空间会越来越大。这个时候距离打造一个更为合理的、更加完善的资产结构就更进一步。

在理财的过程中，最重要的是不断摸索，而这种摸索是建立在学习和自我实践的基础上。什么是学习呢？简单来说就是学习高财商者的理财方式和理财的态度，比如对那些经济条件好善于投资的人进行观察，并向他们请教，也可以在阅读中实现理论知识的积累。而自我实践则看重个人的现实操作，人们可以进行各种尝试，然后看看自己惯常的理财方式是否合理，并逐一进行完善。

在摸索中，人们其实更加需要一种代入感，即不断提醒自己："面对这样的情况，高财富的人会怎么做？"

感受他们的理财方式，想象一下真正的富人会按照什么方式去计划自己的生活，安排自己的资产，会如何做出决策，他们通常又喜欢投资什么类型的项目，最擅长什么样的赚钱方法。尝试着像他们那样支配个人的财产，往往可以加深穷人对财富的认知，提升对财富的敏感度以及掌控力。只不过这种尝试需要结合自身的实际情况，需要同现实操作的经验紧密结合，形成具有个人特色的理财模式和理财理念。

# 了解自己的资产和负债

在谈论理财或者谈论资产配置的时候，很多人都对这些过于学术化的东西感到陌生。一些相关的扶贫机构和社会公益组织曾经对贫困者进行培训，传授他们很多专业的投资技能以及财务方面的知识，但效果并不好。多数接受培训的人都表示，自己无法理解相关的理论知识，在实践中常常忽视课本知识，也常常将自己的财务账本搞混乱。有人针对这些扶贫项目和培训项目进行分析，发现真正的问题在于多数接受培训的人只是机械地记住那些知识点，却没有真正理解到底什么是投资，什么是财富配置的基本原理。在实践操作中，他们往往处于一种混乱的状态。

针对这些情况，他对相关的培训课程进行了改革，直接重点讲述资产和负债，然后通过这两个概念引出其他的财务知识与财富增值方法，结果立即取得了效果，很多接受培训的人在理财方面有了一定的提升。

为什么传授资产和负债知识可以帮助人们建立起理财的一些基础呢？想要了解这一点，就需要对资产和负债进行分析。那么，什么是资产，什么又是负债呢？

资产主要是指在过去的交易或事项中形成的一种资源，它通常由机构或者个人拥有、控制，预期会带来一定的经济利益。负债则是指在过去的交易或者事项中形成的一种现时义务（现行条件下承担的义务），预期会导致经济利益流出。简单来说，资产就是会创造收益的资源，而负债是会不断导致经济利益流失的资源。

在日常生活中，人们经常混淆资产和负债的概念，这直接导致了他们常常会在资产配置方面做出错误的决策。比如买车，很多人认为自己一旦买回了车子，那么这辆车子就是自己的独有财产，是属于个人资产的一部分，一些人甚至会产生“个人资产又增加了一项”的想法。但大部分车子从第一天购入开始，就已经在不断贬值了，而且要消耗大量的油费，还要消耗大量的保险费和保养费，它们根本就不能算是资产，而应该算作负债。在日常生活中，越来越多的人喜欢买好车，即便是很多经济条件非常一般的人也开始贷款或者借钱购买名牌车。很多人误以为这样会使自己的个人财富中增加一项资产，但其实大多数时候，这种所谓的资产都是不合理的消费，它会压缩个人在其他方面的投资，而且还会增加个人的负债。

同样地，许多人喜欢买房子。据相关部门统计，六成中国人都喜欢把房产作为家庭投资的主要项目，但多数人不知道，如果处理不当，房子也很容易变成负债。比如一个人花费了30万元首付在县城购买了一套房子，房贷是30万元，加上利息的话房贷基本达到了50万元。购入房子之后，每个月的房贷是2000多元，物业费也有100多，加上之前的装修费

用，这已经形成了一笔不小的负债。

盲目买房和买车，不仅不能创造财富，往往还会导致个人财富的流失。当然，买房和买车也并非都是负债，在满足某些条件的情况下，它们同样可以转化成资产的一部分。比如，一个人在上海花费了200万元首付购入一个价值500万元的商铺，每个月的贷款是5000元，但是在房价大涨的时候，这个商铺已经涨到了700万元，于是他索性将商铺出租给别人，每个月收取租金20000元。这个时候，房子并不是单纯地导致现金流的流失，它与此同时也在不断创造收益，因此可以说这套房子既可以算作负债，也可以当成资产。从纯收益的角度来说，它更加接近于资产。车子也是一样，如果有人买来车子不是为了消费和享受，而是将其出租给婚庆公司，或者用来拉客，这样就可以创造收益，车子此时就同时具备了负债和资产的属性。

了解了资产和负债的属性，那么就有助于人们更好地建立起理财和投资的意识。比如，为了确保房子变成资产，可以选择将其出租出去创收，或者尽量在低价时购入，然后等待高价卖出，赚取差价。或者也可以想办法在一线城市买房，因为一线城市的房产增值空间比较大，收益更加可观；而在普通的小县城买房，房子极有可能变成负债。这就是一种典型的投资思维，而这样的思维人们不用在各种投资理论中学习获得，只需要对照个人的资产和负债情况，就可以更好地掌握要领。

针对这个问题，最好的办法就是制定一张资产负债清单，将自己的资产列在一起，将自己的负债列成一张表格（考虑到多数人都不能制作一张合理的资产负债表，分开列出清单或许更加可靠）。

比如家里有没有多套房子，是不是有房贷要还，是不是用于出租，哪些用来自住，哪些用于出租。自住房可以划为负债清单中，出租的房子或者将房子卖掉置换成现金，可以算作是资产。

家里经营着一家服装店，每个月都能创造6000元左右的纯利润，这属于资产。

银行中存了一笔40万元的定期，每年的利息是9200元，购买的理财产品每年也能带来7000元左右的收益，这些存款和理财产品应该算作资产。

每年缴纳一笔医疗保险，看病住院可以报销一部分，它属于资产。

买了一辆车子，一直自用，没有用于其他投资，不能产生收益，只能算作是负债。

购买的股票在过去一直都在亏损，当前的价格明显低于购入价格了，它属于负债。

每个月的物业费、电话费、水费、电费、燃气费达到了惊人的1200元，它们全部是负债。

家里购置了昂贵的家电和家具，它们产生了不少的保养费和折旧费，属于典型的负债。

人们可以将以上这些内容进行整理，把资产归为一类，把负债归为一类，然后就可以明确地知道哪些项目一直在创收，哪些项目一直在消耗自己的资本。人们需要重点关注和强化那些创收项目，适当缩减那些负

债项目，比如平时要尽量节约用电，节省家庭开支；诸如车子、家电、家具之类的东西要追求实用性，不要盲目攀比；一些不赚钱的股票投资可以及时取消，或者减少持股数量。而对于能够创造收益的资产项目，则要继续投入，像服装店的投资可以继续投入，存款的比例可以适当控制，理财产品的投资可以增加一些，甚至可以选择更多的理财产品。

列出资产负债清单，对于多数人而言，可以产生很好的参照效果，能够帮助人们更加直观地了解自己在资产配置方面究竟要做什么，应该怎么做。这种方式虽然相对比较简单，但是相比于学习理财知识和投资的理论，它的实用性更强。

## 细分市场，加强投资的针对性

在谈到财富增值、理财或者资产配置的时候，人们往往都在强调掌握各种技巧和理念，都在强调对个人投资思维和财富理念进行提升。但很多时候，人们真正遇到的问题或许并不是自己需要掌握什么技能，而是自己根本不清楚应该做什么，应该开辟什么产业和市场。比如，刚毕业的大学生往往会对自己的前途感到迷茫，不知道自己应该做什么；一些离职的员工在进入社会后，常常也不清楚应该选择什么样的创业项目。如果进行深入分析，就会发现这些迷茫并不是完全的毫无头绪，无论是毕业生还是离职者，都对市场做过了解，但了解的层面往往仅限于行业层面。

比如，有的创业者可能想过做餐饮，他们发现有的前辈做餐饮很挣钱，可是有的同行却表态餐饮就是一个坑。有的创业者想过做教育培训，他们发现线上教育产业如火如荼地发展，但是很多教育机构面临倒闭。市场上的频繁变动和复杂性让很多创业者摸不着头脑，他们可能会在方向的选择和项目的定位上产生动摇，导致无法找到打开财富大门的

钥匙。

那么该如何解决这些问题呢？一个很实用但也经常被忽略的方法就是市场分级。简单来说就是对市场上的客户和产品进行分级，确保最合适的产品能够迎合最合适的客户，确保自己可以有效把握机会。人们需要细分产品功能，细分客户群，细分客户需求。

比如，在谈到线上教育的时候，可以对教育产业进行产品的细分，包括数学、语文、英语、美术、声乐、心理学等多个项目；也可以对教育产业进行客户群细分，包括儿童教育、初中生教育、高中生教育、大学考研教育、博士生教育等多个项目。

需要注意的是，市场细分还可以从产品的微小属性入手。比如，水果饮料一直都是饮料市场上的重要组成部分，但多数水果饮料只是糖水混合物，并不是新鲜的果汁，长期饮用不利于健康。针对这种情况，果粒橙直接推出了果肉果汁，含有果肉的果汁会让消费者产生一种“这就是真的水果汁”的感觉。可以说，果粒橙顺利把握住了果汁饮料的微小属性，成功赢得了市场的关注。普通的创业者也可以从产品的微小属性出发，划分出更细微的产品功能，像蔬菜汁制作的彩色鸡蛋灌饼就是一种微小属性的划分。寻找和把握微小属性可以尽量避免产品的同质化，从而提升自己的竞争优势。

对于投资者和创业者来说，了解这些细分的市场非常重要，因为能够结合自身情况明确投资方向，并且更好地控制风险。所以在很多时候，细分市场是提升投资和创业成功率的一个有效方法。一般来说，在细分市场的过程中，人们可以做好以下几个方面的工作。

**一、了解基本的市场走向和行业发展趋势**

无论是对客户进行细分，还是对产品功能进行划分，都需要先对市场做一个大致的了解，弄清楚市场发展的基本趋势和大环境，这样就能把握一个基本的方向。比如，随着生活水平的提升，有两个群体得到了市场的青睐，一个是老年人群体，另一个是儿童群体。按照目前的预测，从2030年开始，一直到2100年，中国的老年人都不会低于3.5亿。庞大的人口数量催生出了一个庞大的市场，所以老年人市场会带来各种商机。一般情况下，老年人市场重点强调健康和保健，像老年营养品、老年心理辅导、老年人旅游、老年人养老、老年人娱乐，都是非常有潜力的项目。而儿童产业经过多年的发展和完善，更是成了最有发展空间且利润最大的行业之一，像儿童教育、膳食、服装、娱乐等多个产业项目都具有很强的投资空间。对于多数人来说，儿童群体就是一个非常好的投资群体，很多与之相关的市场往往具有很强的吸金能力。

**二、对产品功能进行细分，找到具有绝对优势的卖点**

产品是人们征服市场的关键，因此很多时候，人们都在想办法打造一款与众不同的产品来吸引市场的关注。在这里，人们很容易忽略两个基本问题：第一，没有任何一款产品能够面向所有的客户群体；第二，随着市场不断细分，同质化的问题不可避免。没有任何一款产品会得到所有

层级客户的关注，许多人抱怨自己的产品不受欢迎，就是因为它过于泛化了，没有明确的针对性。产品的生产没有针对性，在营销的时候便不能做出针对性的部署，自然不能吸引目标客户的关注。另外，同质化的问题不可避免，竞争也因此变得越来越激烈，这种激烈的程度会导致生意越来越难做。

通过分析，人们就可以知道，想要打造真正具有市场影响力的产品，最好的方式就是对产品功能进行细分。比如，有个创业者想要开一家饼干店，那么他就要懂得对饼干市场进行精细化处理，充分挖掘自己的优势：饼干——鸡蛋面粉饼干——鸡蛋面粉夹心饼干——动物造型的鸡蛋面粉夹心饼干，划分越精细，产品的优势就越容易凸显出来。

### 三、不断对客户群体进行分级和细分，找到最合适的顾客

产品最终都是要面向客户的，如果客户不明确，产品的研发和生产就没有明确的方向，投资往往也就容易遭遇失败。如果人们想要细分市场，那么对客户群体进行细分是一项非常重要的内容。比如，一个人想要做化妆品代理工作，为了确保自己的产品有足够的市场，那么可以进行客户细分：女人——年轻的女人——年轻的爱打扮的女人——年轻的爱打扮的女白领。当人们进行了精细的定位之后，那么就可以针对性地进行市场调研，推出一些轻奢的化妆品。

如果将市场细分得更精细一些，那么还需要强调渠道细分和地域细分。渠道细分主要强调营销渠道的不同，有的人注重线上，有的人注重

线下。线上的渠道可以通过官网、社群传播、传媒平台、广告、朋友圈等多种方式，线下一般以实体店的营销方式为主。地域细分往往可以分为国内外、省内外、城市内外等多种区域。一般来说，划得太过精细的话，反而会遗漏掉原本应该占有的市场。不同的市场细分方式往往可以组成不同的交叉组合，从而进一步强化产品的独特性。

# 掌握并精进一门技能

提到技能的时候，很多人脑子里最先想到的可能是技术工人，比如：工程师、手工业劳动者、程序员、面点师、厨师，等等。此外，掌握一门语言也算得上是掌握一项技能。在多数人的惯性思维中，学一门技术或者掌握一门技能只是为了能够找一份工作，而不是致富的理想方式，因为掌握一门技能的人通常只能为别人打工，或者成为一个个体户。在他们的惯性思维中，掌握一门技术或者技能的人很难同财富积累联系在一起，而且仅仅依靠掌握一项技能，是难以在如今的社会中生存下去的，因此很多人不愿把时间和精力浪费在学习技艺上，更不会将其列为发家致富的优先选项。

事实上，这里明显存在认知上的错误。首先，技能的范围很广，并不单指手工技艺或者技术，管理是技能，经商是技能，投资也是技能，给企业制定战略规划和规章制度也是技能。其次，无论哪一种技能，只要做到了精进，那么就有机会将其转化为财富，人们就可以以此来积累财富。最后，虽然拥有更多的才能会更具优势，但是考虑到时间和成本问题，多数人或许并不适合走“通才”的道路，选择一门擅长的技能，然后集中精力和资源精进它，或许更有机会创造更多的财富。

随着社会的发展，社会分工越来越明显，专业人才变得非常稀缺，那些优秀的专业人才更是得到了市场的青睐。如果一个人拥有出色的编程技术，或许可以在阿里巴巴或者华为这样的顶级公司拿到百万年薪；如果一个人拥有出色的厨艺，可以开一家属于自己的餐厅，甚至打响自己的品牌；如果一个人拥有强大的研发能力，那么可以依靠自己的发明和技术申请专利；即便是一个优秀的技工，也能够在大企业获得很好的发展机会。

这个世界并不需要人们掌握太多的强大技能，也不需要人们在每一个方面都保持强大的优势，真正掌握一项技能便能够维持生存，而将这项技能推向极致，再让更多的人看到，便可实现财富积累。比如，一个手艺精湛的木匠在农村里一年到头也挣不到多少钱，他先后多次外出打工，但是始终挣不到钱。2018年他在某短视频平台上开了一个直播，将自己的手艺展示给平台上的网友看，结果很多大城市里的富豪花费重金请他帮忙打造家具。不仅如此，他依靠自己的名气和技能，还开了一家纯手工制作的家具店，而且生意非常火爆。

任何人都有自己的特长，也都可以进一步完善和发展这个特长，使其从一个特长变成一项技能，从一项技能变成一个竞争优势，再从一个竞争优势变成一种变现机制。在这个过程中，人们必须先找到自己最擅长的技能，即这项技能要具备一定优势，这样一来它的提升空间和发展空

间会更加明朗。接下来，他们必须想办法将这项技能作为一个成长突破点，集中时间、精力和资源投入进去，提升技能的成长值。

有一位拉面师傅，在寸土寸金的北京连开了15家分店，而且每一家分店都生意火爆，每年的营业额更是突破了5000万元。而在此之前长达十年的时间里，这位拉面师傅一直默默无闻地在山西某县城的拉面馆里维持生计。他白天卖拉面，晚上精研技术和拉面的配方，经过十年的摸索和精研，终于使自己的拉面受到了市场的一致认可。

人们必须要有足够的耐心和决心，必须要比其他人更加努力，还要比其他人更加懂得安排好自己的资源，这样才可能取得不错的成果。对于精进者来说，也许需要将80%的时间和精力消耗在自我成长和自我修炼上，也许需要强化自己的学习能力，学习新的知识，掌握新的技巧，接收新的经验。

各行各业都是如此，很多时候最重要的可能不是选择什么职业，而是选择如何去经营这个职业，如何让这个职业寻求突破。只要拥有独特的技术，拥有发展到极致的技能，那么任何一种职业都会释放出强大的市场价值。穷人也许没有办法接触更高层次的工作，无法站在更高层次的平台上，也无法获得更多高价值的资源，但是将自己的本职工作做好做精，将自己的技能提升到一个高层次的水平上，也可以拔高自己的社会层次和财富水平。

除此之外，还有一点非常重要——精益求精必须包含伟大的成长愿景。换句话说，人们需要对自己的未来有一定的期待，或者有一个远大

的构想。在这个构想中，他们期待自己成为什么样的人，拥有什么样的价值。一个木匠必须有“我要成为业内顶级师傅”的想法，一个厨师要想着有一天成为最顶级的大厨，一个技工要想着将来成为顶级工程师，一个程序员必须要有“某一天设计一款影响全世界生活方式的产品”的愿望……总之，人们需要一个强大的愿景来推动自己行动，督促自己快速成长。

如果将目光放得更加长远一些，人们需要在日常生活中养成良好的个人习惯，需要在生活细节上培养精进的意识，尽可能把每一件事都做好。教育学家卡尔·威特曾经聊过儿童教育的问题：“从小就培养孩子不管是对学习，还是其他爱好，都要做到‘精’，并且能认真地将事情做得尽善尽美。无论什么事情只要做得完美，那么这件事就做得很有价值了。”而只有养成良好的习惯，人们才能在技能提升上坚持下去，才能一步步接近更高的目标。